EL TANTRA DE LA DIOSA

Tu Ángel Protector

Enseñanzas orales de
Gueshe Tamding Gyatso

Por
Isidro Gordi

Ediciones Amara. Ciutadella de Menorca

Publicado por vez primera en 2011
por Ediciones Amara. Ciutadella de Menorca.

© Copyright de Isidro Gordi
© Diseño de la portada y diagrama interior: Federica Mahieu

ISBN de la obra: 978-84-95094-40-7
Depósito legal: B. 4.112-2011

Talleres Gráficos Vigor, S.A.
08980 Sant Feliu de Llobregat (Barcelona)

Sumario

A la memoria de mi Maestro del corazón,
el Venerable Gueshe Tamding Gyatso
(1927-2002),
quién durante doce años me nutrió
con el néctar de su sabiduría.

Introducción

A lo largo de los siglos, tanto los grandes Maestros de la India cómo del Tibet, han creado distintos sistemas de práctica para aproximarse a la Deidad Tara. Entre ellos destacan textos como: el *Mantra de los Cien Nombres,* compuesto por el propio Sakyamuni Buda; las *Veintiuna Alabanzas*; el *Océano del Tantra de Tara;* el *Tantra de Tara Explícitamente Originado;* el *Linaje de Tara*; las *Realizaciones de Tara; El Conjunto de Actividades y Mantra de Tara.*

De entre todas las preciosas enseñanzas que existen al respecto, destaca muy especialmente una: el *Tantra de Chitamani Tara,* que le fuera legado por la mismísima deidad al yogui tibetano Thagpu Dordge Chang (Kelsang Kargui Wangpo), en el siglo dieciocho. Dado su carácter secreto e íntimo, se le considera el más profundo de los Tantras de Tara. En general, las prácticas cuyo origen se remonta a Sakyamuni Buda forman parte de lo que se denomina "el linaje lejano". Este Tantra, en cambio, es un "linaje cercano", razón por la cual es aún más apreciado.

El autor del presente comentario del texto raiz es Pabongka Rimpoché (1878-1941), quien recibió la enseñanza de su Maestro, Thagpu Pema Vajra. Pema Vajra era, en realidad, la cuarta reencarnación de Thagpu Dordge Chang y, como en sus anteriores reencarnaciones, disfrutaba de una conexión directa con Tara. Pabongka Rimpoche añadió a su comentario instrucciones extraídas de textos tántricos de Lama Tsong Khapa con el objetivo de proporcionar informaciones claras respecto al estado de generación y al de consumación.

El comentario del *Tantra de Chitamani Tara* refleja dos divisiones sustanciales:

Explicación del origen del comentario.
Explicación de la práctica.

EXPLICACION DEL ORIGEN DEL COMENTARIO

El significado literal del nombre Tara (Skt: *Drolma*) es "personificación de la actividad iluminada de todos los Budas". El significado interpretativo narra la historia de una joven que, habiendo despertado la mente de la bodhichita y acumulado grandes dosis de mérito y sabiduría a lo largo de tres largos eones, alcanzo, por fin, la Iluminación.

En una de sus reencarnaciones previas, en la época del Buda Dundubhisvara, Tara había vivido como la princesa Yeshe Dawo en un lugar denominado Natsok Wo, "rayos de luz multicolor". Ella le hacía innumerables ofrecimientos a su Buda, y tras un tiempo dedicado a la meditación, generó la bodhichita convirtiéndose en una Bodhisatva. Se dice que entonces un viejo monje le vaticinó: "Has creado actos muy positivos, en el futuro obtendrás una forma masculina y así podrás llegar a la Iluminación". Esta fue la respuesta de Yeshe Dawa: "Muchos son ya los que practican la virtud y se iluminan bajo aspecto masculino. Mi deseo es llegar a la Iluminación siendo mujer".

Yeshe Dawa alcanzó poderosos estados de concentración y consiguió una gran habilidad para rescatar a los seres de su sufrimiento, motivo por el cual se la conoce como "la liberadora" (tib: *Drolma*), aunque también se le atribuyen otros nombres como "la veloz", "la esplendorosa" o "la destructora".

Según otra leyenda, Tara nació de las lágrimas del Bodhisatva Chenrezig. Este se había comprometido ante el Buda Amitabha a liberar a todos los seres del samsara, sin embargo, abrumado por la enorme dificultad del compromiso, pensó en abandonar su objetivo. Pero, su compasión por el sufrimiento de todos los seres era tanta que las lágrimas empezaron a rodar por sus mejillas y, al tocar el suelo, se convirtieron en Taras de color verde y blanco que le dieron aliento con estas palabras: "Nosotras te ayudaremos a cumplir tu promesa".

Ante las personas que adolecen de una vida larga, Tara se manifiesta como Tara blanca. A los que son débiles, se les aparece como Tara roja. A los que desean aumentar su caudal de sabiduría, se les presenta como Saraswati –una Tara blanca que sostiene una cítara– ante los que no pueden ser subyugados de manera pacífica, aparece bajo el aspecto iracundo de Palden Lhamo.

Todos los grandes practicantes de Dharma del pasado, indios y tibetanos, se han amparado en la Deidad Tara. Tara le prometió a Atisha, fundador de la tradición kadampa, que siempre iba a proteger a sus seguidores, aun cuando estos careciesen de fe en ella.

El sendero del Tantra es superior al del Sutra ya que integra la práctica de las cuatro purezas:

- La pureza del entorno.
- La pureza del cuerpo.
- La pureza del disfrute.
- La pureza de la actividad.

La pureza del entorno

Cuando alcanzamos el estado de Buda, el medio ambiente que nos rodea deja de ser un lugar ordinario como el que percibimos ahora para convertirse un lugar puro. Por este motivo el yogui recrea una Tierra Pura en su meditación. Imagina un mandala y una mansión celestial. Manipula *el presente* con un método que forja el *resultado futuro* que persigue.

La pureza del cuerpo

El cuerpo de un Buda posee treinta y dos marcas menores y ochenta mayores; para poder obtener un cuerpo con estas características en el *futuro*, el yogui se autogenera como la Deidad Tara en el momento *presente*.

La pureza del disfrute

Cuando un Ser Iluminado entra en contacto con los objetos de los sentidos, experimenta deleites perfectos. Por este motivo, en el sendero tántrico, el yogui hace ofrecimientos a las deidades y a sí mismo.

La pureza de la actividad

Un Buda tiene la capacidad de llevar a cabo incalculables actos Iluminados valiéndose de su cuerpo, su palabra y su mente. Con este mismo fin, el practicante se adiestra en la recitación de mantras, imaginando que miles de rayos de luz salen de su corazón y convierten en Budas a todos los seres. De este modo, se aproxima al resultado futuro que persigue: poder beneficiar a los demás a través de sus actos. En el sendero del Sutra alternamos la meditación en la bodhichita con la meditación en la sabiduría que comprende el vacío, de este modo acumulamos mérito y sabiduría. En el camino del Tantra, en cambio, hacemos acopio de ambos de manera simultánea. Utilizamos técnicas específicas a través de las cuales nuestra *mente* comprende la vacuidad y, al mismo tiempo, adoptamos *mentalmente* el aspecto de la Deidad. Meditar en la forma de la Deidad nos faculta para acumular una gran cantidad de energía positiva, y comprender que esta forma es *vacía*, despierta nuestra sabiduría.

Escuchar y Practicar

Tanto para escuchar de viva voz la enseñanza de un Maestro como para leer este comentario, nuestra motivación debe ser lo más limpia posible. Debemos eliminar tres obstáculos que se comparan a los defectos en un recipiente:

Evitar ser como un *recipiente boca abajo;* por más que nos esforcemos en verter líquido en un vaso boca abajo, siempre se derramará. Si escuchas las enseñanzas o lees libros sin prestar la debida atención, distraído, serás como un recipiente boca abajo. Es preciso escuchar con atención.

Evitar ser como un *recipiente sucio.* Si vertiésemos el néctar más puro en un recipiente sucio, lo echaríamos a perder. Lo mismo sucede si escuchamos enseñanzas con una actitud negativa. Nuestra motivación debe estar siempre libre del interés por la riqueza o la reputación, debe ser lo más altruista posible.

Evitar ser como un *recipiente con un agujero.* Un vaso que tiene un agujero en el fondo no puede llenarse: todo lo que vertemos en su interior se cuela por el agujero. Si no extraes el significado de lo que has escuchado, ni lo mantienes fresco en la mente, eres como un recipiente con un agujero.

También debes identificarte con las seis afirmaciones siguientes:

Reconocerte como un enfermo. Quizá pienses que eres una persona sana, que se cuida, pero ninguno de nosotros está libre de esta terrible enfermedad crónica: las emociones aflictivas.

Reconocer que el Dharma es la medicina. Esto significa que te esfuerzas por escuchar y por practicar lo escuchado. Escuchas para entender y, sólo habiendo entendido, puedes llevar a cabo tu práctica.

Reconocer a quien te da enseñanzas como a tu médico. Cuando enfermas, te pones en las manos expertas de un médico para que te dé un remedio. Y si deseas recuperarte de verdad, sigues su consejo. Esta es la actitud que debes adoptar respecto a la práctica.

Reconocer que practicar constantemente el Dharma que se escucha elimina la enfermedad de las emociones aflictivas. Si no le das a tu práctica de Dharma una continuidad jamás llegarás a vencer las emociones aflictivas, del mismo modo que de poco le servirá al enfermo tener el mejor tratamiento si no lo sigue.

Reconocer que Sakyamuni Buda es un ser digno de confianza. Admitir que quien nos enseña el Dharma es un Buda.

Tener el fuerte deseo de que el Dharma florezca y dure eternamente. Significa que uno debe practicar convencido de que la propia práctica será causa para que el Dharma perdure.

Explicación de la Práctica

Quién es apto para practicar
Dónde practicar
Cómo practicar

Quién es apto para practicar

La persona que desea implicarse en el *Tantra de Chitamani Tara* debe cumplir los siguientes requisitos:

Ser diestro en el sendero común. Esto entraña poseer una amplia experiencia de los tres senderos comunes – renuncia, bodhichita y visión correcta– o, en su defecto, un profundo conocimiento intelectual de estas materias. Sin esta premisa, entrar en el camino del Tantra puede ser tan peligroso como montar una criatura a lomos de un caballo salvaje.

Sin una base profunda del *Lam Rim*, las iniciaciones tántricas no harán de nosotros seres especiales. Estudiar no consiste sólo en leer libros, implica también reunirse con otros practicantes, reflexionar sobre la enseñanza, comentarla con ellos, clarificar dudas, meditar, así como hacer algún retiro de vez en cuando. El yogui debe llevar a cabo los dos tipos de meditación, analítica y unipuntualizada, y aplicarlas a los tres senderos comunes, porque los profundos atributos del Tantra sólo se logran cuando el practicante posee un buen adiestramiento en estos tres senderos.

En el Tantra de Acción trabajamos el *yoga con signos* y el *yoga sin signos*. El primero consiste en meditar en el cuerpo de la Deidad; el segundo en comprender que ese cuerpo (de la deidad) está vacía de existencia intrínseca. Lo que distingue a estos dos yogas es, precisamente, la comprensión del *vacío* de la Deidad.

El Tantra Superior, en cambio, nos habla de una sabiduría indistinguible que une la mente del *gran gozo* y la comprensión del *vacío*.

Haber recibido una gran Iniciación del Tantra Madre o, en su defecto, del Tantra Padre. El continuo mental del practicante debe haberse nutrido con las cuatro Iniciaciones del Tantra Superior: la de la Vasija, la Secreta, la del Conocimiento de la Sabiduría, y la de la Palabra. Estas cuatro iniciaciones nos autorizan a meditar en los estados de *generación y consumación*. Sin recibirlas, nunca se obtendrían resultados de la práctica. Sólo después de llevar a cabo estos preparativos podríamos acceder a la Iniciación de Chitamani Tara propiamente dicha. La iniciación principal consta de dos partes: la común y la especial. La Iniciación común se compone, a su vez, de cuatro Iniciaciones que se canalizan a través de la *torma*; la iniciación especial significa que entramos en el *Mandala* del Cuerpo de la Deidad.

Sin estas dos Iniciaciones ni siquiera sería apropiado leer el presente comentario y, mucho menos, practicar la sadhana. Al no haber recibido la corriente de bendiciones que se nos transmiten con la Iniciación, careceríamos de los cimientos necesarios para tener éxito. —El lector debe hacer lo posible por recibir la iniciación de un Maestro cualificado, de otro modo estas instrucciones no le servirán de nada.

Recibimos las bendiciones del linaje cercano del Tantra de Chitamani Tara al tomar las dos Iniciaciones mencionadas. La ceremonia del refugio es la puerta de entrada al budismo en general; concebir la mente de la bodhichita es la puerta de entrada al camino del mahayana; y tomar una Iniciación es la puerta de entrada al Tantra.

Mantener los votos y compromisos. Si se descuida este tercer punto, se pierde la orientación, y lograr experiencias espirituales, supremas y comunes, resulta imposible. El practicante debe evitar las catorce transgresiones raíz, los ocho *bompos* burdos y los diecinueve *bombos* específicos. Encontramos una recapitulación de todos los votos en el libro *El Yoga del Guru, comentario a las Seis Sesiones*[1].

Existen cuatro causas o actitudes en el prácticante que maduran en forma de experiencias o *sidhis*, supremos y comunes. El éxito está asegurado si se guardan estos cuatro preceptos y se practica la sadhana diariamente. Son los siguientes:

Fe. Para dominar la práctica del Tantra se requiere una fe indestructible, tanto en el método como en aquellos seres especiales que nos la han mostrado en sus distintos aspectos. Se cuenta la historia de una anciana que, en una época de gran escasez, pudo alimentarse a base de piedras que convertía en pan gracias a su ferviente recitación del mantra *om bale bale bunde soha*. Sin embargo, un día alguien le advirtió que lo estaba recitándo mal, que la pronunciación correcta del mantra era *om tsale tsale tsunde soha*. Entonces ocurrió que a la mujer le asaltaron las dudas y el mantra milagroso perdió todo su poder.

Sabiduría. En el presente contexto, significa eliminar todo tipo de dudas con respecto al poder implícito en la sadhana de Chitamani Tara.

Concentración. Limitarse a recitar la sadhana, sin tener concentración en su significado, no produce grandes beneficios.

Secreto. Cuánto más secreta sea tu práctica, antes se producirán los resultados espirituales. Los Gueshes kadampa de antaño nunca daban muestras de estar comprometidos con una práctica tántrica; externamente parecían impli-

---

1 *El Yoga del Guru. Un comentario a las Seis Sesiones* ha sido publicado por Ediciones Amara.

cados sólo en el *Lam Rim* y el *Lo Yong*. Pero, en muchas ocasiones, a su muerte los discípulos descubrían entre sus pertenencias instrumentos sagrados de los que hacían uso en sus meditaciones tántricas. Debes ser muy discreto al practicar; uno de los términos con que se conoce al Tantra es, precisamente, *Mantra Secreto*.

Dónde practicar

La sadhana de Chitamani Tara debe practicarse en un sitio que ofrezca estas cinco condiciones:

- Un lugar en el que las necesidades básicas sean fáciles de conseguir.
- Un lugar que, preferentemente, haya sido bendecido por Maestros y Budas del pasado.
- Un lugar limpio y con agua potable.
- Un lugar próximo a un buen amigo espiritual.
- Un lugar silencioso y tranquilo.

Si el lugar escogido para meditar ha sido testigo de serias disputas entre los miembros de la Sangha, o se ha roto allí la relación entre Maestro y discípulo, no florecerá en él la experiencia de la práctica.

El asiento del practicante debe estar orientado hacía el oeste. Si esto no fuera posible, bastará con imaginarlo; el cojín de meditación se denomina "el asiento de la concentración" y ha de usarse exclusivamente para meditar. La parte posterior del asiento debe estar un poco más elevada para favorecer que la columna vertebral se mantenga recta, así se previenen el hundimiento mental y la excitación.

Los retiros de *Aproximación* constituyen el mejor método para alcanzar experiencias espirituales o *sidhis*. Se llaman así pues el practicante, que se compromete a recitar un número específico de mantras en un determinado periodo de tiempo, se *aproxima* un poco más a la deidad con cada mantra. Debajo del cojín en el que el meditador pasará tantas horas es costumbre dibujar una *svastika,* que simboliza la estabilidad. Encima de la *svastika* se coloca una hoja de *tsa rampa* que representa la longevidad y, aún encima de ésta, se deposita un manojo de hierba *kusha,* que simboliza la claridad en la concentración. Estos tres elementos representan los hechos históricos acontecidos a Sakyamuni Buda bajo el árbol bodhi.

Para realizar un retiro de Aproximación deben llevarse a cabo una serie de rituales tradicionales, cuya transmisión ha de venir del Maestro o, en su defecto, de un practicante experto en este Tantra.

En el altar, al nivel del entrecejo del meditador, se colocan una representación de Tara, las *tormas* (pastelillos hechos con mantequilla y gofio), y dos filas paralelas de ocho boles cada una, que representan los ofrecimientos externos. La fila más próxima al meditador representa los ofrecimientos que van dirigidos a él mismo. La segunda fila de ofrecimientos va dirigida a la Deidad invocada en el altar frente a él. Puesto que Chitamani Tara pertenece al Tantra Madre, disponemos los ofrecimientos de izquierda a derecha (disponemos de información detallada al respecto en el libro, *La Dama del Espacio*[2]).

La división entre Tantra Padre y Tantra Madre procede del Tantra Superior. Antiguamente, los grandes eruditos indios y tibetanos discrepaban sobre cómo distinguir lo que caracterizaba a uno y otro. Algunos sostenían la teoría de que si la Deidad era masculina, se trataba de un Tantra Padre, y si era femenina, de un Tantra Madre. Sin embargo, no es así de simple: los Tantras que enfatizan métodos para obtener el Cuerpo Ilusorio, pertenecen al Tantra Padre y los que enfatizan métodos para despertar la Luz Clara, pertenecen al Tantra Madre. Para obtener la Iluminación tanto el Cuerpo Ilusorio como la Luz Clara son necesarios. La Budeidad es denominada también *el estado de unifica-*

---

2 *La Dama del Espacio. Comentario a la práctica de Vajra Yoguini,* ha sido publicado por Ediciones Amara.

ción, en referencia a la unión del Cuerpo Ilusorio y la Luz Clara.

En una mesilla baja frente a él, el practicante coloca un vajra (tib: *dordge*), una campana (tib: *dhilbu*), un tamborcillo (tib: *damaru*) y una pequeña vasija (tib: *nang cho*) que contiene el ofrecimiento interno. Estos instrumentos y sustancias secretas constituyen un requisito indispensable para quien desea practicar el Tantra Superior, de no tomarlos en consideración, se rompería el decimotercero compromiso adquirido con la iniciación. La campana tiene un rostro labrado en la empuñadura; cuando descansa sobre la mesilla, el rostro debe mirar hacia el practicante, y cuando éste la sujeta para tañerla, debe cubrirlo con el dedo pulgar. La campana se sostiene con la mano izquierda, a la altura del corazón y, al mismo tiempo, se sujeta el *vajra* con la mano derecha. El *damaru* se hace sonar a la altura del ombligo, también con la derecha. Después de haberlos usado se vuelven a colocar en la mesilla, cruzando los brazos para evocar el mudra del abrazo, símbolo del gran gozo y el vacío. Se cumple así con el compromiso del Buda Akshobya[3]. Normalmente, el *vajra* descansa a la derecha de la campana –desde la perspectiva del practicante. Tocar la campana con la mano izquierda a la altura del corazón indica la voluntad de desatar los nudos del chakra del corazón; hacer sonar el *damaru* a la altura del ombligo, rememora la ignición del fuego interno.

El simbolismo juega un papel muy importante en la práctica tántrica. La esencia del Tantra consiste en despertar la sabiduría no dual que une el gran gozo y la vacuidad. La campana representa la vacuidad; el *vajra*, el gran gozo y el *damaru*, el fuego interno. La práctica del Tantra Madre precisa del *damaru*, porque los métodos que despliega están vinculados al despertar del fuego interno o *tummo*. En el Tantra Padre, en cambio, no es tan relevante, se puede omitir su uso.

---

3 Para ver los votos, el lector ha de referirse al libro *El Yoga del Guru. Comentario a las Seis Sesiones*, publicado por Ediciones Amara.

Cómo practicar

> El estado de generación, la causa que hace madurar el continuo mental.
> El estado de consumación, la causa que libera el continuo mental.

El estado de generación, la causa que hace madurar el continuo mental

> Razón por la que empezar adiestrándose en el estado de generación.
> Cómo adiestrarse en el estado de generación.

Razón por la que empezar adiestrándose en el estado de generación

Algunos piensan que el estado de generación sólo es útil para obtener *sidhis* o poderes mundanos –pacificar, aumentar, controlar e iracundos– y que para conseguir *sidhis* supramundanos –la Budeidad– ha de practicarse el estado de consumación. Es falso. Para llegar al estado de consumación es imprescindible atravesar íntegramente todo el estado de generación por tratarse, precisamente, del sendero que *hace madurar* o prepara el continuo mental. Pero, para tener éxito en el estado de generación, es vital adiestrarse en las prácticas del sendero común –la renuncia, la bodhichita y la visión correcta de la vacuidad. Estos tres aspectos de la práctica deben ir cultivándose gradualmente, según los Tantras de Hevajra, Guhyasamaya y Chakrasamvara. También Tara estableció que para practicar el estado de consumación es imprescindible adiestrarse en el estado de generación y en el Yoga del Maestro *o Yoga del Guru*.

La sadhana

Cómo adiestrarse en el estado de generación

El yoga durante la sesión de meditación.
El yoga después de la meditación.

El yoga durante la sesión de meditación

Qué hacer al principio de la sesión de meditación.
Cómo terminar la práctica, al final de la meditación.

Qué hacer al principio de la sesión de meditación

Apartarse del sendero no budista tomando refugio,
y del sendero hinayana generando bodhichita.
El Yoga del Maestro para recibir bendiciones.

Apartarse del sendero no budista tomando refugio y del sendero hinayana generando la bodhichita

El practicante se sienta en el cojín de meditación adoptando la posición de siete puntos del Buda Vairochana, a la que le suma un octavo punto, la consciencia de la respiración:

1) Piernas cruzadas en loto o medio loto; 2) manos en la posición del equilibrio meditativo; 3) columna vertebral recta; 4) hombros nivelados y relajados; 5) cabeza ligeramente inclinada hacia delante, hundiendo el mentón en el esternón; 6) ojos entreabiertos, observando la punta de la

nariz; 7) lengua apoyada en el paladar; 8) respiración consciente, siguiendo la inspiración y la espiración.

Esta posición corporal es básica para obtener experiencias del estado de consumación. Empiezas la práctica con la toma de refugio, la generación de la mente bodhichita y los cuatro pensamientos inconmensurables. La practica del refugio, según la sadhana de Chitamani Tara, empieza con las siguientes palabras que puedes recitar susurrando o en voz alta:

Yo y todos los seres conscientes, los transmigrantes,
tan extensos como los límites del espacio,
desde este momento y hasta que obtengamos
la esencia de la Iluminación:

Tomamos refugio en los gloriosos sagrados Gurus.
Tomamos refugio en los Budas completos, los bendecidos.
Tomamos refugio en los Dharmas sagrados.
Tomamos refugio en la Sangha superior (X3).

Tomar refugio en las Tres Joyas nos abre las puertas del sendero budista y es el fundamento de la práctica espiritual. Un ser inmerso en el samsara no puede ayudar de manera eficaz a los demás. Un ser verdaderamente digno de ser el objeto de nuestro refugio debe estar libre del samsara y ser capaz de liberar también a los demás. Un auténtico yogui tántrico no se apoya en dioses mundanos, por elevados que sean. Sólo considera correcto un sendero si procede de una fuente de refugio genuina. Por este motivo, el encabezamiento reza así: *"apartarse del sendero no budista tomando refugio"*. También nos insta a dejar el *"sendero hinayana generando la bodhichita"*. Esta parte del enunciado nos recuerda que el objetivo de un practicante hinayana es individual, mientras que la aspiración de un Bodhisatva es ayudar a todos los seres.

Para tomar refugio no es imprescindible visualizar a los objetos de refugio, pues los Budas están en todas partes. Sin embargo, es auspicioso imaginarlos en el espacio para purificar nuestras mentes y recibir bendiciones por medio del néctar que visualizamos emanando de sus cuerpos.

Imagina un trono majestuoso encima del cual se sienta Tara, ella es la esencia tus Maestros y está rodeada de todos los *Gurus* del linaje del *Tantra de Chitamani Tara*. Con la mano izquierda adopta el mudra que une el pulgar con los dedos corazón y anular. La unión de estos tres dedos a la altura de su pecho indica que ella es la personificación misma de las Tres Joyas. Con la derecha adopta el mudra de la generosidad, descansando la mano en la rodilla con la palma ligeramente levantada.

A la derecha de Tara, Sakyamuni Buda, circundado por los mil Budas del eón bienaventurado. A la izquierda de Tara, Manyushri, rodeado de Budas y Bodhisatvas. Delante de Tara, tu Maestro Raíz y a su alrededor todos aquellos Maestros de los que has recibido enseñanzas en esta vida. Detrás de Tara, imagina una montaña de textos que representan la Joya del Dharma. Los Protectores del Dharma dibujan un círculo exterior, cercando a toda la Asamblea.

Imagínate a ti mismo en el centro de la congregación de todos los seres conscientes del universo bajo forma humana. Meditas para despertar temor hacia el sufrimiento del samsara en general y, en particular, hacia el que se experimenta en los reinos inferiores. Después generas la fe y el convencimiento de que sólo las Tres Joyas tienen capacidad para protegerte de tales miedos. Temer el sufrimiento del samsara y despertar fe en el poder de las Tres Joyas son las causas comunes para tomar refugio. Pero, según el sendero mahayana, hay una tercera causa adicional que consiste en avivar la mente compasiva.

Imagina que eres tú quien diriges la ceremonia del refugio y que todos los seres que te rodean recitan contigo. Con la oración tomáis refugio también en los Maestros, que son parte de la Joya del Buda: sólo a través de ellos se pueden recibir las bendiciones de los Seres Iluminados. Imagina luz y néctar fluyendo de la Asamblea e inundando tu cuerpo, purificando todas las enfermedades, fuerzas obstructoras y energía negativa. Quedas colmado con las bendiciones de las Tres Joyas.

Bodhichita

Seguimos con una formula especial para tomar refugio y generar la bodhichita simultáneamente diciendo:

> *Al Buda, al Dharma y a la Asamblea Suprema*
> *voy por refugio hasta que esté iluminado.*
>
> *Que por mi práctica de generosidad y las demás Perfecciones,*
> *pueda alcanzar el estado de Buda para beneficiar a todos los*
> *seres.*

Cuando la oración dice: "*Que por mi práctica de generosidad y las demás perfecciones, pueda alcanzar el estado de Buda para beneficiar a todos los seres*", nos recuerda la necesidad de despertar la bodhichita, al tiempo que expresa el deseo de que esta práctica sea causa para conseguir la Iluminación. La mente de la bodhichita procede de dos deseos asociados: obtener la Iluminación y beneficiar a los demás.

Generación especial de la bodhichita

Esta oración es particular a la sadhana de Chitamani Tara:

> *En especial, para el beneficio de todos los seres conscientes,*
> *mis madres, debo alcanzar, rápida, rápidamente,*
> *el estado de la Budeidad perfecta y completa.*
>
> *Por esta razón voy a practicar el yoga de la divina*
> *y venerable Arya Tara.*

El objetivo primordial del Tantra es alcanzar la Iluminación rápidamente para poder beneficiar a los demás, pues no soportas esperar el largo periodo de tiempo que exige el sendero del Sutra. En esta oración se pronuncia dos veces la palabra "*rápida, rápidamente*". La primera se refiere al sendero del Yoga del Maestro y la segunda al sendero tántrico, dos senderos veloces para alcanzar nuestro objetivo. Esta oración alude también a la bodhichita que aspira y a la que se implica.

Los cuatro inconmensurables

> *Que todos los seres conscientes obtengan la felicidad*
> *y sus causas.*

> *Que todos los seres conscientes estén libres del sufrimiento*
> *y de sus causas.*

> *Que todos los seres conscientes sean inseparables del gozo*
> *sin pesar.*

> *Que todos los seres conscientes moren en la ecuanimidad,*
> *libres de inclinaciones tanto hacia el odio como hacia*
> *la codicia.*

La razón por la que estos cuatro pensamientos son llamados *inconmensurables* es que el caudal de mérito que se crea al trabajarlos es incalculable, pues su objetivo son todos los seres.

Después de esta oración imagina que la Asamblea se disuelve en ti y en los seres que te rodean. Tanto tu cuerpo como el de ellos se transforman en el cuerpo divino y luminoso de Tara, tu mente en el Dharmakaya y el medio ambiente en una Tierra Pura.

El Yoga del Maestro

El yoga del Maestro para recibir bendiciones

El ritual de la sadhana sigue con estas palabras:

Namo Guru Arya Tareya.
Te rindo homenaje Guru Arya Tara.

Esencia de las más perfectas acciones de todos losBudas.
A tí, Tara Divina, que posees el cuerpo de una diosa bella
y fascinante, liberadora de todos los miedos de samsara
y Nirvana.
Te lo ruego,concédeme las realizaciones supremas y comunes.

A ti, Gargyi Wangpo que, guiado por la Divina Madre,
has alcanzado el estado de los ocho poderes, la Budeidad.
Sustentante del tesoro del Dharma, auspicioso y profundo
de Losang Gyalwa (LamaTsong Khapa).
Te lo ruego, concédeme las realizaciones supremas y comunes.

A tí, poderoso Yongdu Wangpo, árbol cuyos frutos conceden
todos los deseos, otorgando realizaciones.
De la firme raíz de la sabiduría y de las ramas del buen
entendimiento brotan la dulzura de tus discursos,
tu práctica y tus enseñanzas.
Te lo ruego, concédeme las realizaciones supremas y comunes.

A tí, Dechen Wangpo, poderosa joya de los nagas,
que abarcas toda la existencia.
Olas de sabiduría clara y profunda ondulan en el mar
de tu mente, el lago Mapam.

*Con tu habilidad haces que fluyan los ríos de los cuatro
ritos allí reunidos.
Te lo ruego, concédeme las realizaciones supremas y comunes.*

*A tí, Sampel Wangpo, preciosa joya de las enseñanzas orales
y de las realizaciones.
Tesoro de moralidad pura, que satisfaces plenamente los deseos de
todos los seres conscientes, conduciéndoles hacia la liberación.
Te lo ruego, concédeme las realizaciones supremas y comunes.*

*A tí, Dordge Simpe, poderoso sustentante del vajra.
Los mil ojos de tu magnífica sabiduría ven todas las
enseñanzas de Sutra y Tantra.
Tu palabra maravillosa es una reserva de misterios.
Te lo ruego, concédeme las realizaciones supremas y comunes.*

*A ti, Drubpe Wangpo, rey de los Mahasidhas.
Transmisor incansable de las enseñanzas de Ngawang Yampel
Ñingpo.
Guía universal, gran estandarte, santo compañero.
Te lo ruego, concédeme las realizaciones supremas y comunes*

*A tí, Drubpe Wangchub, incomparable en preservar la
esencia de las enseñanzas del Maestro Losang Jampelyang.
Gran ser realizado, que muestras una lluvia de sidhis.
Te lo ruego, concédeme las realizaciones supremas y comunes.*

*A ti, bondadoso Maestro, Pabongka Rimpoché,
cuyas divinas acciones son como un océano rebosante
de bondadoso amor y sabiduría.
Gloria de los sustentantes de la esencia de las enseñanzas
de Losang Gyalwa.
Te lo ruego, concédeme las realizaciones supremas y comunes.*

*A tí, Losang Yeshe Triyang Rimpoché,
la sabiduría trascendental de los Conquistadores.
Principal sustentante de la compilación de incontable*

esnseñanzas procedentes del Buda.
Eres el guía que manifiestas y disuelves Mandalas
tan extensos como un océano.
Te lo ruego, concédeme las realizaciones supremas y comunes.

A ti, Victorioso Losang, Song Rimpoché, tu mente
incomparable conoce plenamente el modo de actuar
en el Dharma de Sutra y Tantra.
Tsondru, ser bondadoso que preservas el pináculo del Dharma.
Te lo ruego, concédeme las realizaciones supremas y comunes.

A ti, precioso Maestro Raíz, Tamding Gyatso,
Tu mente comprende la filosofía y las escrituras
de los Grandes Vehículos.
Tu palabra melodiosa describe sin tacha la buena fortuna.
Tu gloria congrega el océano de profunda erudición
de los victoriosos.
Te lo ruego, concédeme las realizaciones supremas y comunes.

Que por las bendiciones y el poder del Yidam y del Maestro,
pueda purificar mi mente a través del camino común para
unir las realizaciones de los dos niveles del camino profundo.
Que pueda, en la unidad, ver el rostro verdadero de la Madre
Arya.

Y, si esto no sucede, que cuando muera pueda reconocer
el sendero final, suma de los cuatro vacíos y el camino
básico, para llegar rápidamente a obtener el estado
de la unión entre el Cuerpo Ilusorio y la Luz Clara.
Ojala de este modo pueda eliminar de raíz la asamblea
de enemigos, los cuatro maras.

Que en todas mis vidas, nunca me vea separado
de Maestros perfectos, pueda disfrutar plenamente
del Santo Dharma y perfeccionar todas las cualidades
a lo largo de las etapas del camino.
¡Que pueda alcanzar rápidamente el estado de Vajradhara!

Los Maestros del linaje pueden ser visualizados de tres maneras distintas: 1) sentados en grupo formando un círculo; 2) superpuestos verticalmente, uno encima de otro; 3) visualizando un solo Maestro, entendiendo que es la esencia de todos ellos.

En esta larga oración aparece el nombre de cada uno de los Maestros del linaje del Tantra de Chitamani Tara. Encima de tu coronilla visualizas una fila de Maestros bajo el aspecto de Lama Tsong Khapa –tocados con el sombrero de *pandit*, con la mano derecha a la altura del corazón sostienen un *vajra* en el *mudra* de mostrar el Dharma. Con la mano izquierda sostienen una campana en el *mudra* del equilibrio meditativo. Al tope, por encima de todos ellos, situamos a Tara, inmediatamente debajo de ella sigue Thagpu Dordje Chang y, continuando en línea descendiente hasta nuestra coronilla, visualizamos a todos los demás Maestros hasta nuestro Maestro Raíz.

Cada vez que repetimos, *"concédeme las realizaciones comunes y supremas"*, el Maestro que hemos nombrado nos colma de luz y néctar, purifica nuestro interior y recibimos sus bendiciones. A continuación, se disuelve en el Maestro que le sigue por debajo. Es decir, Tara se disuelve en Thagpu, éste en Yongdu Wangpo, y así, sucesivamente, hasta el final de la oración. Todos los Maestros se han ido disolviendo hasta que sólo queda tu benévolo Maestro raíz encima de tu coronilla. Se siente sumamente complacido contigo. Entra en tu cuerpo y se disuelve en tu corazón para concederte las bendiciones de cuerpo, palabra y mente de todos los Maestros.

Es importante meditar en el Guru Yoga definitivo: el Maestro, la Deidad y tu propia mente poseen la misma naturaleza y son inseparables. Si caes en el error de pensar que su naturaleza es diferente, no se establecería el nexo de unión necesario para recibir bendiciones. Esta es la manera de pensar propia del Tantra: es el principio que la convierte en una práctica tan poderosa.

Lama Tsong Khapa señalaba que todos los deseos, mundanos y supramundanos, se obtienen merced a la devoción al Maestro. Se considera "mundano" cualquier nivel espiritual que esté por debajo del sendero de la visión[4]. Cualquier otro logro, o *sidhi,* a partir del sendero de la visión se considera "supramundano". Todos los *sidhis* derivan de la devoción; es gracias a la devoción que maduran en ti experiencias espirituales que desconocías, se mantienen las que ya tenías y aún, estas últimas, aumentan.

Hablando con propiedad, todo aquel que te ha enseñado el Dharma merece ser respetado como tu Maestro. La función de un Maestro es revelarnos el Dharma. A la pregunta, ¿quién me ha enseñado lo que sé de Dharma? Sólo hay una respuesta posible: todos los que lo han hecho en mayor o menor medida son, desde una perspectiva individual, "mi Maestro". Famosos o desconocidos, con porte distinguido o humilde, si has recibido de ellos conocimientos de Dharma e inspiración, debes verles como seres especiales. Al actuar de este modo recibes bendiciones de todos los Budas.

En una ocasión, Naropa desplegó para Marpa, su discípulo, el Mandala de Hevajra en el espacio y le preguntó: "Ante quien crees que debes postrarte, ante la Deidad manifestada en el mandala o ante tu Maestro". Marpa pensó que gozar de la compañía de Naropa, su Maestro, era relativamente fácil, mientras que estar en presencia de la Deidad, era una ocasión irrepetible. De modo que Marpa se postró ante Hevajra y, éste, se esfumó de inmediato ante sus ojos. Naropa sentenció: "Todos los Budas del pasado aparecieron gracias a la devoción profesada a sus Maestros. Sin Maestro, no hay Deidad". Nuestras experiencias de las dos etapas del Tantra quedan totalmente supeditadas a las bendiciones que recibamos del Maestro.

Todas las sadhanas tántricas incluyen una oración de súplica a los Maestros del linaje, pero el Tantra de Chitamani Tara, incorpora una oración del Yoga del Maestro adicional.

---

4 El sendero de la visión se refiere al nivel meditativo en que uno percibe directamente la vacuidad o naturaleza última de los fenómenos. Ver mi *Ecos del Silencio Infinito,* publicado por Ediciones Amara.

Método especial del Yoga del Maestro de Chitamani Tara

Cómo practicar el Yoga del Maestro.
Instrucción específica del beneficio de la práctica.

Cómo practicar el Yoga del Maestro

Visualizar al Maestro.
Invocación.
Oración de las siete ramas.
El mantra.
Recibir las cuatro iniciaciones.
Absorción del Maestro en el corazón.

Visualizar al Maestro

Para hacer este yoga no es necesario generarse como Deidad. La sadhana reza así:

*En la coronilla de mi cuerpo ordinario, sobre un loto
y una luna, se encuentra mi bondadoso Maestro Raíz.
Gran tesoro de compasión, inseparable de Tara,
la madre de los Conquistadores.*

*Su cuerpo es juvenil, de color blanco rojizo, posee las marcas
y los signos. Con su mano derecha en el mudra de dar
enseñanzas sostiene un vajra y un loto blanco.
Con la izquierda sostiene una campana y un loto blanco.*

*Ambos lotos, abren sus pétalos a la altura de sus orejas.
Viste los tres hábitos de un monje y un elegante sombrero
de pandit, amarillo. Está sentado con las piernas cruzadas
en la posición del vajra, rodeado por un aura.*

*En su corazón se encuentra la Deidad trascendente,
Tara, de color esmeralda. Con la mano derecha concede
el dón supremo. Con la izquierda, que se halla a la altura de*

su corazón, sostiene una flor upala y muestra el mudra de las Tres Joyas.

Su cuerpo está bellamente engalanado con sedas y ornamentos preciosos. Con su pierna derecha extendiday su izquierda recogida, se encuentra sentada en el centro de un aura.

En su corazón hay una letra Tam de color verde, que irradia rayos de luz. Mi Maestro posee la naturaleza de los tres seres de concentración. Sus cinco chakras están marcados con las cinco sílabas, Om Ah Hum So Ha.

El es la manifestación misma de la sabiduría trascendental que comprende la vacuidad y la apariencia, la claridad y el poder de conocer.

Imagina en tu coronilla un loto y un disco lunar sobre el que se sienta tu Maestro, inseparable de Tara. Está sentado con las piernas cruzadas y rodeado de un aura de luz. Su aspecto juvenil es el de Lama Tsong Khapa. Con su mano derecha sostiene un vajra a la altura del corazón y con la izquierda una campana a la altura del ombligo. Con cada mano sujeta el tallo de una flor de loto que se abre junto a sus orejas. Del centro de cada loto emerge una espada vertical que se sostiene sobre un texto de Dharma.

En el corazón de Lama Tsong Khapa se sienta Tara verde rodeada por un aura de luz, es de la medida del dedo pulgar. En el corazón de Tara, sobre un disco lunar se levanta la sílaba *tam* verde y luminosa. Aquí, el Maestro, Tsong Khapa —el ser de compromiso— representa la mente burda; Tara —el ser de sabiduría— representa la mente sutil; *tam* —el ser de concentración— simboliza la mente muy sutil.

Imagina en la coronilla del Maestro la sílaba *om*, en su garganta *ah*, en el corazón *hum*, en el ombligo *so* y en el lugar secreto *ha*.

Invocación

Las palabras que se recitan en la sadhana son las siguientes:

> *Desde el corazón de mi Maestro salen rayos de luz que*
> *invocan a todos los objetos de refugio. Estos se disuelven*
> *en él y devienen de una misma naturaleza.*

El *tigle* de la sílaba *tam* —el ser de concentración— tiene grabada en su interior la sílaba *hum* desde donde salen rayos de luz que invocan a los Budas, Maestros, Deidades, Dakas, Dakinis y Protectores del Dharma. Todos ellos se disuelven en el Maestro —el ser de compromiso—. De esta manera, tu Maestro queda convertido en esencia y personificación de los objetos de refugio. Le haces súplicas para que permanezca en tu coronilla hasta que alcances la Iluminación.

La oración de las siete ramas

> *Permanece como la joya de mi coronilla hasta que alcance*
> *la Iluminación.*

> *Con mi cuerpo, palabra y mente me postro con devoción.*

> *Hago todo tipo de ofrendas, reales y mentalmente creadas.*

> *Confieso todas las faltas y ofensas acumuladas desde tiempo*
> *sin principio.*

> *Me regocijo de todas las virtudes creadas por los seres*
> *ordinarios y los seres Aryas.*

> *Por favor, gira la Rueda del Dharma, extenso y profundo.*

> *Dedico todas mis virtudes y las de los demás,*
> *para la gran Iluminación.*

Recitar el mantra

La práctica sigue así:

*En el corazón del Maestro, bordeando el disco lunar,
en cuyo centro está el Ser de Concentración, Tam,
se hallan las diez sílabas del mantra:*

OM TARE TUTTARE TURE SOHA

*(Recita el mantra tantas veces como te sea posible.
Después, para pedir bendiciones, recita el mantra del Maestro,
21 o 108 veces).*

OM AH GURU VAJRADHARA SARWA SIDHI HUM HUM

En el corazón del Maestro imagina las radiantes sílabas del mantra de Tara formando un círculo alrededor de la *tam*. La primera de las diez sílabas está situada frente a la *tam*, las demás se encadenan en sentido horario. Mientras recitas verbalmente el mantra, imagina que de los cinco chakras del Maestro prorrumpen infinitos rayos de luz en todas las direcciones. Aunque cada una de las sílabas tenga un color diferente –la *om* es blanca, la *ah* es roja, etc.– los rayos de luz que emiten son de cinco colores. Los rayos salen de la *tam* y las sílabas del mantra, llegan a todos los seres, les llenan de bendiciones y purifican todas sus negatividades y obstáculos. Seguidamente, se recita el mantra del Maestro *om ah guru vajradhara sarwa sidhi hum hum*, cuyo significado es, *por favor concédeme los sidhis de Guru Vajradhara*.

Recibir las cuatro Iniciaciones

*Conmovido por nuestra ferviente súplica, desde los chakras
del cuerpo, palabra y mente del Maestro, fluyen rayos de
luz blanca, roja y azul que se disuelven en mis tres chakras.*

> *De este modo se purifican todas mis negatividades y faltas*
> *y recibo las Iniciaciones de la Vasija, Secreta y de la*
> *Sabiduría trascendental.*

> *De nuevo, desde OM AH HUM SO HA, salen rayos de*
> *luz de varios colores que se disuelven en mis cinco chakras.*

> *Así recibo las Cuatro Iniciaciones y se implanta en mi mente*
> *el poder de alcanzar los cuatro Cuerpos de un Buda.*

Aquí visualizamos al Maestro encima de nuestra cabeza, sentado y orientado como nosotros; los rayos de luz que emiten sus chakras salen despedidos hacia adelante y regresan dibujando una curva que se reabsorbe en el chakra que le corresponde de nuestro cuerpo:

De la sílaba *om* en su coronilla salen rayos de luz blanca que se disuelven en tu coronilla, purificando todas las faltas cometidas con el cuerpo. Recibes la Iniciación de la Vasija y se te autoriza a practicar el estado de generación.

De la *ah* en su garganta salen rayos de luz roja que entran en tu garganta, purificando todas las faltas cometidas con la palabra. Recibes la Iniciación Secreta y se te autoriza a practicar el estado de consumación.

De la *hum* en su corazón salen rayos de luz azul que se disuelven en tu corazón, purificando todas las faltas cometidas con la mente. Recibes la Iniciación del Conocimiento de la Sabiduría.

De las sílabas *so,* en su ombligo, *ha* en su lugar secreto, así cómo de las tres sílabas restantes, salen rayos de luz que entran simultáneamente en tus cinco chakras. Recibes la Iniciación de la Palabra y el poder para obtener los cuatro cuerpos de un Buda: Cuerpo de Verdad (skt: *Dharmakaya*), Cuerpo de Deleite (skt: *Samboghakaya*), Cuerpo de Emanación (skt: *Nirmanakaya*) y Cuerpo de Naturaleza (skt: *Svavabhikaya*).

Absorción del Maestro en el corazón

Recitamos la siguiente oración con fe y devoción sinceras

Precioso y glorioso Maestro Raíz, por favor,
permanece sobre el loto en mi corazón,
cuida de mí con tu gran bondad y concédeme
las realizaciones de cuerpo, palabra y mente.

El Maestro, deleitado por esta súplica, disminuye de tamaño hasta llegar a ser de la medida de medio pulgar, entra en tu cuerpo a través de la coronilla y se posa en el centro del loto de ocho pétalos en tu corazón. Una vez allí, sientes que se ha hecho inseparable de tu mente muy sutil —la que cabalga sobre el aire de energía muy sutil— transformándose ésta en la naturaleza del Maestro y la Deidad. El Maestro queda indefectiblemente unido a tu mente hasta el día en que alcances la Iluminación.

Aunque todos nosotros poseemos esa mente *muy sutil*, ahora mismo está dormida; el único nivel de mente con el que funcionamos es el burdo —las cinco consciencias sensoriales y la conciencia mental ordinaria. La mente *muy sutil* sólo se activa en el momento de la muerte y en avanzados practicantes del *estado de consumación*.

Preliminares

Instrucción específica del beneficio de la práctica

Como ya se viene destacando en este comentario, todas las bendiciones y experiencias espirituales son fruto de la devoción al Maestro. La devoción al Guru significa, en esencia, generar fe y respeto hacia todas aquellas personas que nos han enseñado Dharma. Si uno desea iniciarse seriamente en el camino del Tantra, debe elaborar toda una serie de razonamientos lógicos para evitar ver defectos en quien le enseña.

Crear magníficas visualizaciones de tu Maestro mientras meditas, pero ningunear a otras personas que también te han enseñado el Dharma, es síntoma de una práctica espiritual muy endeble. El principal deseo de los Budas es beneficiar a todos los demás con sus enseñanzas. Si ahora apareciera un Buda ante tus ojos bajo la forma del Cuerpo de Deleite, tus velos kármicos actuales no te dejarían verle. El único modo que tienen los Budas de ayudarte es manifestándose bajo un aspecto ordinario similar al tuyo: adoptando la forma de tus Maestros presentes.

Aunque no se trate de un verdadero Buda, si muestras fe y respeto sinceros hacia quién te enseña el Dharma, recibes las mismas bendiciones que si estuvieras, efectivamente, en presencia de un Ser Iluminado. Así pues, que recibas o no sus bendiciones, depende de la dirección que señalen tus pensamientos.

Cómo hacer la práctica

Llevar los tres cuerpos al sendero:
táctica excelente para obtener beneficio personal.

Recitar alabanzas y hacer ofrecimientos:
táctica excelente para beneficiar a los demás.

Llevar los tres cuerpos al sendero, táctica excelente para obtener beneficio personal

Llevar la muerte al sendero del Dharmakaya.
Llevar el bardo al sendero del Sambhogakaya.
Llevar el nacimiento al sendero del Nirmanakaya.

Llevar la muerte al sendero del Dharmakaya

Acumular mérito.
Acumular sabiduría simulando el proceso de la muerte.

Acumular mérito

Invocar el Campo de Mérito.
Hacer ofrecimientos.
Meditar en los cuatro inconmensurables y disolver
el Campo de Mérito en su morada natural.

Invocar el Campo de Mérito

Generación instantánea como Deidad.
Bendecir el ofrecimiento interno.
Bendecir los ofrecimientos externos.

Generación instantánea como Deidad

Se recitan las siguientes palabras:

*Instantáneamente, me manifiesto bajo el aspecto
de la venerable Arya Tara.*

Tras absorber al Maestro en tu corazón y permanecer
unido a él, tu cuerpo se disuelve en el espacio y, con la

mente de gran gozo, observas la ausencia de auto existencia –la vacuidad–. Imaginas que ese estado es el Dharmakaya, o Cuerpo de Verdad resultante de Chitamani Tara; generas orgullo divino. Esta breve práctica contiene los puntos esenciales del método para "llevar la muerte al sendero del Dharmakaya".

Desde la experiencia gozosa del Dharmakaya, visualiza que tu mente se transforma en un rayo de luz de color verde de la medida de un antebrazo. Generas orgullo divino por ser el Samboghakaya, o Cuerpo de Deleite resultante. Esta práctica es muy parecida a la de "llevar el bardo al sendero del Sambogakaya".

El rayo de luz verde adquiere la forma del cuerpo de Chitamani Tara, con todo lujo de detalles. Generas orgullo divino por ser el Nirmanakaya, o Cuerpo de Emanación resultante. Esta práctica es similar a la de "llevar el nacimiento al sendero del Nirmanakaya".

El propósito de generarse uno mismo como la Deidad es poder consagrar los ofrecimientos, algo que no es factible bajo aspecto ordinario.

Bendecir el ofrecimiento interno

(En el comentario original, Pabongka Rimpoche, no proporciona una explicación muy completa del ofrecimiento interno porque se sobreentiende que quien practica el Tantra de Chitamani conoce otros Tantras, como el de *Heruka* o el de *Vajra Yoguini*. Sin embargo, mi maestro Geshe Tamding, nos regaló a un reducido grupo de estudiantes una explicación más extensa que la que aparece en el citado comentario).

Se consagra primero el ofrecimiento interno para poder hacer lo propio con los ofrecimientos externos y las tormas. Hay cuatro etapas destinadas a este fin: 1) limpiar, 2) purificar, 3) generar, 4) bendecir.

En primer lugar, se abre la vasija donde uno guarda el ofrecimiento interno, tradicionalmente, se utiliza un *ka-*

pala que es un recipiente con forma de cráneo (incluso, en algunas prácticas, se utiliza un hueso de cráneo humano adaptado al uso).

Limpiar

En la mesilla frente a ti descansa el *kapala* lleno de alcohol o té negro. Imagina que salpicas el aire con un poco de líquido del kapala (pero no lo haces en realidad). Tu aspecto es el de Tara, de la sílaba *tam* en tu corazón salen innumerables réplicas de la diosa iracunda Vajra Amrita que eliminan todos los obstáculos mientras recitas el mantra *om vajra amrita kuntali hana hana hum phet*. Vajra Amrita es de color azul oscuro, sostiene un vajra y muestra el mudra atemorizante. Seguidamente, las diosas se reabsorben en la *tam* —este es un signo auspicioso que evoca las experiencias del estado de consumación.

Purificar

Recitamos el mantra de la vacuidad *om sobhawa shudho sarwa dharma sobhawa shudho ham,* imaginando que continente y contenido se funden en la vacuidad, así se purifican la apariencia y concepción ordinarias de las sustancias del ofrecimiento interno. La mente que percibe la ausencia de existencia inherente —vacuidad— es la mente del gran gozo. En el lenguaje tántrico es indispensable pensar que tanto *quien* ofrece como *lo que* se ofrece tienen la naturaleza del gozo no dual.

Generar

De la vacuidad, aparece la sílaba *yam* que se transforma en un mandala de aire en forma de arco. Encima del mandala de aire aparece la sílaba *ram,* que se transforma en un mandala de fuego triangular. En cada uno de sus ángulos aparece una *ah* blanca que se transforma en una cabeza recién cortada. (Al tratarse de un Tantra Madre, si lo deseas puedes imaginar en su lugar las sílabas *om ah hum*). En el centro del mandala de fuego aparece una *ah* blanca que se transforma en el continente —debería ser un *kapala* de pequeño tamaño, pero tu lo concibes tan grande como el universo—.

En su interior imaginas las cinco carnes y los cinco néctares. Las cinco carnes son: de vaca, perro, elefante, caballo y carne humana. Están dispuestas dentro del gran cuenco señalando los cuatro puntos cardinales, y el centro del mismo. Los cinco néctares son: excremento, sangre, semen, tuétano y orina, que marcan las cuatro direcciones intermedias, y también el centro. Las cinco carnes representan a los cinco Dhyani Budas, y los cinco néctares representan a sus respectivas consortes. (Hallarás más información relativa al ofrecimiento interno en el libro, *La Dama del Espacio*).

Bendecir

La *Tam* en tu corazón emite un rayo de luz que llega al mandala del aire, este se agita causando que el mandala de fuego se ponga al rojo vivo, y las sustancias en el interior del *kapala* entren en ebullición adquiriendo un color anaranjado. Justo encima del continente aparecen, superpuestas, las tres sílabas vajra: *om* blanca, de la naturaleza de Buda Vairochana, debajo de ella *ah* roja, de la naturaleza de Amitabha y *hum* azul, de la naturaleza de Akshobya. Representan, respectivamente, el cuerpo, la palabra y la mente de un Buda.

La *hum* se funde en las sustancias, provocando un remolino que elimina su mal olor y color. También la *ah* se funde, crea otro remolino y las sustancias se transforman en un néctar medicinal que: 1) cura enfermedades, 2) concede la inmortalidad y 3) transmite la sabiduría no contaminada. La mezcla se ha convertido en un elixir tan poderoso que si se le administrara a un moribundo, reviviría y devendría un joven apuesto. Por último, la *om* blanca se funde en el continente, se agitan las sustancias y se convierten en un néctar tan inextinguible como el océano.

El ofrecimiento interno es algo trascendental, y de él hacemos partícipes a las Deidades, los Protectores, los guardianes locales y a nosotros mismos. La sadhana dice así:

OM VAJRA AMRITA KUNTALI HANA HANA HUM PHE
OM SOBAWA SHUDA SARWA DHARMA SOBAWA
SHUDO HAM

Todo se vuelve vacuidad. Desde la vacuidad aparece una sílaba YAM que se convierte en aire. Una RAM, que se convierte en fuego, y una AH que se convierte en un kapala de sabiduría trascendental muy grande y espacioso. Dentro del kapala se encuentran las cinco carnes y los cinco néctares. Estas sustancias se derriten convirtiéndose en un gran océano de néctar de sabiduría trascendental.
OM AH HUM (X3)

Cómo bendecir los ofrecimientos externos

Para bendecir los ofrecimientos externos seguimos cuatro pasos: 1) limpiar, 2) purificar, 3) generar, 4) bendecir.

Los dos primeros pasos –limpiar y purificar– son idénticos a los seguidos con el ofrecimiento interno; la única diferencia es que al pronunciar el mantra *om vajra amrita kuntali hana hana hum phe*, escanciamos al aire unas gotas del néctar del ofrecimiento interno con los dedos.

Generar y Bendecir

Imagina ocho sílabas *kam* que se transforman en ocho *kapalas*, cada uno contiene en su interior una sílaba *hum*, que se transforma en: 1) agua para beber, 2) agua para lavarse, 3) flores, 4) incienso, 5) luz, 6) perfume, 7) comida y 8) música. La naturaleza de cada sustancia es la sabiduría del gran gozo y la vacuidad; su aspecto es común y su función es la de producir gozo a cada uno de los seis sentidos: el agua para beber y la comida, son un regalo para el gusto; el agua para los pies, estimulará el sentido del tacto; flores y luz, para la vista; incienso para el sentido del olfato; música para el del oído; el perfume, ungido por las diosas en el corazón, es para el sexto sentido —el de la consciencia mental—.

El término *Kam* está formado por dos sílabas *ka* y *ma*. *Ma,* que tiene forma de cero, simboliza la vacuidad; *ka* simboliza la relación dependiente. *Kam* nos recuerda que todos los fenómenos tienen la naturaleza de la vacuidad y de la relación dependiente: ambos aspectos van siempre de la mano. La naturaleza última de cualquier fenómeno es la vacuidad; la naturaleza convencional de cualquier fenómeno es su condición de relación dependiente, parecida a una ilusión. Puesto que los fenómenos son vacuos han de ser, necesariamente, producto de una relación dependiente. Y, precisamente, por ser dependientes, son vacuos. Según el Tantra, para consagrar la sustancia que se ofrece, son necesarios el *mantra*, el *mudra* y la concentración. Los *mudras* —o gestos— en el *Tantra de Chitamani Tara* son idénticos a los del *Tantra de Vajra Yoguini*.

Para bendecir decimos *om*, insertamos el nombre del ofrecimiento en cuestión, y añadimos *ah hum* al final: *om argam ah hum, om padyam ah hum, etc…*

A continuación, con el propósito de acumular energía positiva, invocamos al Campo de Mérito y le dedicamos la oración de las Siete Ramas.

Invocar al Campo de Mérito

El Campo de Mérito es convocado por medio de la siguiente oración de la sadhana:

Soy Tara, la Madre Divina, desde la letra TAM que está
en mi corazón, envío rayos de luz invitando a la Madre

*Divina para que desde su morada natural, el Dharmakaya,
se manifieste ante mí. Ella, que es inseparable de mi
Maestro, aparece rodeada por una gran Asamblea de Budas y
Bodhisatvas.*

La "morada natural" es el lugar en el que residen Budas y Bodhisatvas. La visualización del Campo de Mérito es igual a la que se describe en el *Lama Chopa*, pero en lugar de visualizar a Tsong Khapa como figura central, visualizamos a Tara. Se dice que, si imaginamos con fe que todos los Budas y Bodhisatvas están frente a nosotros, aparecerán sin esfuerzo. Los seres que integran el Campo de Mérito tienen la misma naturaleza que nuestros Maestros.

Postración

Con las manos unidas en el mudra de la oración, imagina incontables réplicas de tu cuerpo postrándose ante el Campo de Mérito mientras recitas la oración de la sadhana:

*Merced a tu gran bondad, el estado del gran gozo puede
alcanzarse en un instante.*

*¡Oh Guru, que eres como una joya!
A tus indestructibles pies de loto humildemente me postro.
Deidad que he practicado en mis vidas previas,
Eres la actividad divina de los Budas de los tres tiempos;
Verde, con una cara y dos brazos, veloz pacificadora.
¡Te rindo homenaje, oh Madre que sostienes una flor Upala!*

Gracias a la amabilidad del Guru resulta posible alcanzar el gran gozo no dual en un instante. Ante él, que es como una joya, te inclinas con respeto. En este contexto "estado de gran gozo" significa estado de Buda o Budeidad. Hacer una postración mental es generar fe en Tara mientras recitas.

Ofrecimientos

Debemos distinguir entre bendecir los ofrecimientos y la acción de ofrendarlos. Ahora, de tu corazón empiezan a brotar jóvenes y hermosas diosas portando los ofrecimientos externos (tal como se ha descrito, en la sección de la bendición). Con cada ofrecimiento recitamos el mantra, *Om Guru arya tara sapariwara,* insertando el nombre del ofrecimiento pertinente, y añadiendo *pratitza soha* al final. Con *Om Guru* estamos invocando al Lama Arya Tara; *Sapariwara* es el séquito de la Deidad; *pratitza* quiere decir, acéptalo por favor.

Cuando las diosas salen de tu corazón portando la ofrenda, chasqueas los dedos hacia afuera; al decir *pratitza,* chasqueas los dedos hacia tu pecho e imaginas que las diosas regresan a ti. Recitamos éstas palabras acompañándolas de los mudras oportunos.

Om guru arya tara sapariware argham pratitza hum soha
Om guru arya tara sapariware padyam pratitza hum soha
Om guru arya tara sapariware pupe pratitza hum soha
Om guru arya tara sapariware dhupe pratitza hum soha
Om guru arya tara sapariware ahloke pratitza hum soha
Om guru arya tara sapariware guende pratitza hum soha
Om guru arya tara sapariware niude pratitza hum soha
Om guru arya tara sapariware shapta pratitza hum soha

Las *ramas* restantes siguen con el reconocimiento de las propias faltas y terminan con unos versos relativos a la bodhichita que aspira a llegar a la Iluminación y la bodhichita que se implica:

Me refugio en las Tres Joyas. Confieso todas las negatividades.
Me regocijo en la virtud de los seres transmigrantes y tengo siempre presente la Iluminación.
Hasta que alcance la Iluminación, me refugio en el Buda, el Dharma y la Asamblea Suprema.

> *Generaré la mente de la bodhichita para alcanzar mi propio*
> *propósito y el de los demás.*
> *Habiendo generado el pensamiento de la suprema*
> *Iluminación, cuidaré de todos los seres conscientes como a mis*
> *huéspedes y practicaré la complaciente y suprema conducta de*
> *la Iluminación.*
> *¡Que pueda alcanzar la Budeidad para el beneficio de*
> *todos los seres conscientes!*

Meditar en los cuatro pensamientos inconmensurables y disolver el Campo de Mérito en su morada natural

> *Que todos los seres conscientes obtengan la felicidad*
> *y sus causas.*
> *Que todos los seres conscientes estén libres del sufrimiento*
> *y de sus causas.*
> *Que todos los seres conscientes sean inseparables del gozo*
> *sin pesar.*
> *Que todos los seres conscientes moren en la ecuanimidad,*
> *libres de inclinaciones tanto hacia el odio como hacia la*
> *codicia.*

En la sadhana, se disuelve el Campo de Mérito recitando estas palabras:

> *La Asamblea se disuelve en luz y se absorbe en mí,*
> *bendiciendo mi continuo mental.*

Tú permaneces bajo el aspecto de Tara, el Campo de Mérito se absorbe desde todos sus flancos en Chitamani Tara, que penetra en ti a través de tu entrecejo.

Hasta ahora, has estado acumulando mérito, a continuación, acumularás sabiduría llevando la muerte al sendero.

Llevar los Tres Cuerpos al Sendero

Acumular sabiduría simulando el proceso de la muerte

La definición del estado de generación es: "Un yoga imputado o creado de manera artificial por la mente del meditador que consiste en llevar *los tres cuerpos* al sendero de la Iluminación, identificando la base de purificación, el sendero purificador y los resultados de la purificación".

¿Que entendemos por base de purificación? Son la muerte, el bardo y el renacimiento ordinarios. El sendero purificador genuino es el estado de consumación, siempre precedido por el estado de generación. El propósito principal del estado de generación es proyectar artificialmente aspectos parecidos a las tres bases mencionadas. El resultado de la purificación es que se obtienen el Dharmakaya, el Samboghakaya y el Nirmanakaya, los tres cuerpos de un Buda.

El primer paso para practicar el estado de generación es llevar la muerte al sendero del Dharmakaya. Para hacerlo es imprescindible conocer perfectamente la base de purificación, el sendero purificador y el resultado.

La base de purificación es la muerte ordinaria que le pone punto final a tu vida; pero, el verdadero elemento purificador, es la Luz Clara en sus dos aspectos: la Luz Clara del Ejemplo y la Luz Clara del Significado, aunque solo aparecen en el estado de consumación.

Es poco probable que un practicante del estado de generación haya vivido la experiencia real de estos dos tipos de Luz Clara, por ello, en su meditación las *imagina*. Esta práctica sirve como causa para obtenerlas de verdad.

El resultado de la purificación es que el meditador obtiene el Cuerpo de Verdad de un Buda, o Dharmakaya.

La definición de la práctica de llevar la muerte al sendero del Dharmakaya es: "Un yoga imputado o creado de manera artificial que consiste en simular el proceso de la muerte para purificar la muerte real (base de purificación), y causar que nazcan la Luz Clara del Ejemplo y la Luz Clara del Significado (sendero purificador), dando paso al Cuerpo de Verdad de un Buda o Dharmakaya (resultado de la purificación)".

Cuando llevas la muerte al estado del Dharmakaya recreas en meditación un proceso similar al de la muerte que un día experimentarás, dando paso al Dharmakaya artificial y generando orgullo divino por poseerlo.

El cuerpo humano depende de cuatro elementos básicos: tierra, agua, aire y fuego. Al morir, todos ellos se disuelven. El primero en hacerlo es el elemento tierra. Cuando empieza a disolverse se produce una sensación de pesadez que le impide a la persona mover el cuerpo. La decadencia total del elemento tierra provoca un aumento del elemento agua, y el agónico experimenta la visión interna denominada *apariencia parecida a un espejismo*.

Cuando el elemento agua disminuye los líquidos del cuerpo se empiezan a secar y cesa la secreción de saliva, como consecuencia, el elemento fuego se vuelve más preponderante y surge la visión interna denominada *apariencia parecida al humo*.

Cuando el elemento fuego se disuelve baja la temperatura corporal y el elemento aire se vuelve preponderante, entonces se produce la *apariencia parecida a las chispas*.

Cuando el elemento aire se disuelve la respiración cesa, y el signo interno que experimenta el moribundo es la *apariencia de la llama*.

Hasta aquí la disolución progresiva de los cuatro elementos.

A partir de ahora empieza a disolverse la consciencia. Es decir, las ochenta concepciones indicativas vinculadas a las tres emociones principales: el odio, el apego y la ignorancia. En primer lugar, se produce una visión denominada *aparien-*

cia blanca, que es como la luz de la luna en una noche clara. Surge debido a que una partícula pura del semen recibido de nuestro padre en el momento de ser concebidos y que ha permanecido alojada durante toda nuestra vida en el chakra de la coronilla, se desliza hasta el chakra del corazón.

A continuación viene la *apariencia del rojo en aumento*, que es como un cielo encendido de rojo al ponerse el sol. Se origina debido a que la diminuta gota de sangre que recibimos de nuestra madre al ser concebidos, que quedó ubicada en el chakra del ombligo, asciende hasta el chakra de corazón.

La *gota* blanca que desciende y la *gota* roja que asciende se unen en el chakra del corazón y, justo en éste momento, se produce la *oscuridad cercana al logro*, visión que va acompañada de un estado de inconsciencia.

Tras esta apariencia de oscuridad entramos en la Luz Clara de la muerte, el estado de mente más sutil. Es como la claridad del amanecer que precede a la salida del sol, libre de las tres poluciones: oscuridad, luz lunar, y luz solar, es como un espacio vacío. La visión de la luz clara ocurre porque la esencia pura del semen y la sangre heredados de nuestros padres, junto con todos los aires reunidos en el canal central se disuelven en la gota indestructible, provocando que el aire y la mente muy sutiles se manifiesten.

Este estado es conocido como la Luz Clara Madre, denominada así porque la experimentan todos los seres ordinarios en el momento de su muerte. Personas normales pueden llegar a permanecer en este estado hasta tres días, pero un ser realizado puede prolongarlo hasta siete días, incluso más.

(En este punto de la enseñanza, Gueshe —la relató el caso de uno de sus Maestros, Phara Rimpoché, en Buxa, India, que sostuvo el estado de la Luz Clara durante tres semanas. Era la época más calurosa del año y a pesar de que los días pasaban, su cuerpo no emitía ningún hedor, signo inequívoco de que estaba inmerso en la Luz Clara experimentando la vacuidad).

Así pues, mientras el yogui practica el estado de generación, se adiestra imaginando en su práctica todas estas disoluciones y signos. Aprovecha la mente de la Luz Clara para meditar en la vacuidad y acumular sabiduría.

La Luz Clara es la consciencia innata que existe desde tiempo sin principio. Lo que surge en el estado de la Luz Clara de la muerte es un mero vacío, como el vacío de existencia intrínseca que describen las escrituras.

Esta Luz Clara de la muerte que comprende la vacuidad es la que, después de erradicar todas las emociones aflictivas, alcanzará la budeidad. Pero, si las emociones aflictivas persisten, puesto que la Luz Clara de la muerte es la base tanto para el samsara como para el Nirvana, aparecerán las consciencias más burdas y el ser entrará en el estado intermedio para volver a renacer.

Un buen practicante tántrico se apresura a entrar en la meditación de la vacuidad desde el momento en que empiezan a sucederse las disoluciones. Si cuando surge la Luz Clara de la muerte –la Luz Clara Madre– el meditador comprende que lo que aparece no es un mero espacio vacío sino la vacuidad de la existencia inherente o auto-existencia, ésta se transforma en la Luz Clara Hijo. La Luz Clara Madre se habrá mezclado con la Luz Clara Hijo; esta última experiencia será responsable de producir elevados logros o *sidhis*.

El cuerpo y la mente ordinarios son la base que utiliza el meditador tántrico. En el cuerpo humano hay setenta y dos mil canales por los que fluyen las *gotas y los aires* que le sirven de soporte a la consciencia. En el momento de la muerte todos los aires se unifican en el chakra del corazón, donde está ubicada la *gota indestructible*. A lo largo de nuestra vida los aires de energía no pueden circular libremente por nuestro canal central porque éste presenta distintos nudos en seis lugares diferentes de su recorrido, estos nudos son las ruedas o chakras. Durante el proceso de la muerte los nudos se aflojan y, de manera natural, los aires y sus consciencias asociadas se concentran en el canal central.

Si bien es cierto que, al morir, se desencadena este proceso de manera natural, a un ser ordinario bien poco le sirve. Para poder generar el gran gozo no dual en el momento de la muerte y hacer uso voluntario de estas distintas fases del trance, es absolutamente imprescindible haberse adiestrado a lo largo de la vida.

Con las prácticas del estado de consumación, el meditador se habitúa a fusionar sus *aires y gotas* en el canal central y a generar la mente del gran gozo. Si domina está técnica, con toda seguridad obtendrá la Iluminación en esta misma vida. Cuando las gotas fluyen por el canal central producen un gozo físico tan extraordinario que, como resultado, se desencadena el gran gozo mental.

Aunque durante el estado de generación no llegues a experimentar realmente el gran gozo, ni tengas tampoco una comprensión auténtica de la vacuidad, debes imaginar que *sí* los has experimentado. La imaginación y la fe son fundamentales para progresar en la práctica tántrica. Pero, ¿cómo aprendemos a imaginar el gran gozo y la vacuidad?: tomando como patrón la mente gozosa que se libera en el clímax sexual, utilizándola para meditar en que todos los fenómenos existen en dependencia de un nombre y una imputación: meditando en el hecho de que ningún fenómeno existe por si mismo.

Una vez se entiende el proceso de disolución natural que tiene lugar en el trance de la muerte, es necesario meditar en un sendero parecido para conseguir llevar la muerte al Dharmakaya.

En este punto de la sadhana, has disuelto al Campo de Mérito en tu entrecejo. A continuación, imaginas que también se disuelven el medio ambiente y tu propio cuerpo. Mientras meditas en ello, has de tener presente el gran gozo y la vacuidad.

El medio ambiente se disuelve en todos los seres, éstos se disuelven concéntricamente hasta penetrar en tu cuerpo de Tara. En este punto, imagina que experimentas la *apariencia parecida al espejismo*.

En el siguiente paso, tu cuerpo de Tara se disuelve de arriba a abajo en la sílaba *Tam* que está en tu corazón, y surge la *apariencia parecida al humo*.

La Tam se disuelve desde *a chung* que se funde en la *ta;* surge la *apariencia parecida a las chispas*.

El cuerpo de *ta se* disuelve en la línea superior y surge la *apariencia de la llama*.

La línea de *ta* en la media luna y surge la *apariencia blanca*.

La media luna se disuelve en la gota y surge la *apariencia del rojo en aumento*.

La gota se disuelve en el *nada* causando la *oscuridad cercana al logro*.

El *nada* desaparece en la vacuidad y surge la *Luz Clara*.

La Luz Clara tiene la apariencia de un espacio vacío, sin la luz de la luna, del sol o de la oscuridad, como el cielo al amanecer y posee cuatro atributos que has de recrear en la meditación:

- Todo lo que aparece es vacío.
- Este vacío es la ausencia de existencia inherente.
- La mente que comprende la vacuidad es *la mente del gran gozo*.
- Generas orgullo divino por poseer la sabiduría no dual del gran gozo y la vacuidad. Piensas: *"soy el Dharmakaya de Tara"*.

Medita en estos cuatro puntos durante tanto tiempo como puedas, y después recita el mantra de la vacuidad *om sobhava shudho sarwa dharma sobhava shudho ham*. Om es la sílaba con la que empiezan todos los mantras. El resto significa "yo soy la esencia de la pureza de todos los fenómenos".

"Yo" es el fenómeno que imputamos sobre la base de nuestros agregados. Podemos preguntarnos ¿cómo voy a meditar en la vacuidad si no sé lo qué es? o ¿cómo sé que mi meditación es la correcta? De momento, basta pensar

Disolución de la sílaba Tam

que las cosas no existen de manera independiente. Aunque es absolutamente necesario profundizar en el estudio para mejorar nuestra comprensión y meditar sin fallos.

Que un fenómeno sea vacío no significa que no exista, y que algo exista no significa, necesariamente, que exista de un modo inherente. Entender que las cosas no existen por su propio lado, sino que dependen de un nombre y una base de imputación, nos traslada al Camino Medio, libre de conceptos extremos como el eternalismo y el nihilismo.

El yo es un fenómeno que *depende* de los cinco agregados. Al igual que el yo, cualquier otro fenómeno existe *dependiendo* de una base de imputación y de un nombre. Por lo tanto, ningún fenómeno puede ser autoexistente. La ausencia de existencia inherente de la persona, es la vacuidad de la persona. La ausencia de existencia inherente del fenómeno, es la vacuidad del fenómeno. Al igual que la persona, ningún fenómeno existe por sí mismo, sin embargo, vivimos como si todo fuera autoexistente. Percibir y concebir persona y fenómenos como entidades autoexistentes es la ignorancia en acción.

Llevar el bardo al sendero del Sambhogakaya

La Luz Clara de la muerte cabalga sobre un aire de energía muy sutil que empieza a activarse cuando ésta aparece. Desde nuestro nacimiento la Luz Clara y su aire asociado quedan atrapados en la gota indestructible ubicada en el chakra del corazón; cuando la persona muere, ambos se liberan.

Cuando la conciencia (acompañada de este aire) abandona el cuerpo, la nariz y el órgano sexual emiten una pequeña cantidad de sangre y semen. Hasta que estos dos signos externos no se han producido, el cuerpo del difunto no debería tocarse ni moverse porque, aunque haya dejado de respirar, su mente todavía está atravesando el proceso de la muerte.

Cuando la mente del ser ordinario sale de la Luz Clara, entra en el bardo. Nuestros restos serán enterrados o incinerados, pero la consciencia seguirá su viaje. La separación entre el cuerpo y la mente, y el inicio del bardo ocurren simultáneamente. El proceso por el que pasa el ser para entrar en el estado del bardo es idéntico a las disoluciones que tienen lugar con la muerte, pero en orden inverso hasta alcanzar un nivel de consciencia burdo como ser del bardo. El cuerpo del ser del bardo es mental y nada lo obstruye, puede atravesar cualquier objeto, excepto el seno de una madre, y también puede percibir a otros seres del bardo. Es un cuerpo de aspecto similar al que tendrá en su próxima vida. Se alimenta del olor. Muere cada siete días y, tras esa pequeña muerte, puede volver a renacer en el bardo donde la permanencia máxima es de cuarenta y nueve días, o tomar el que será su próximo cuerpo. Para purificar este trance que nos espera a todos tras expirar, el yogui se adiestra en llevar el bardo al sendero del Sambogakhaya.

La definición de la práctica de llevar el bardo al sendero del Samboghakaya es: "Un yoga imputado y creado artificialmente que purifica el estado intermedio ordinario por el que pasará el yogui (base de purificación), causando que madure el Cuerpo Ilusorio puro e impuro (sendero purificador) que, a su vez, producirán el Samboghakaya o Cuerpo de Deleite de un Buda (resultado de la purificación)".

En el estado de generación se medita en un sendero semejante al del bardo. Desde el estado de Luz Clara o Dharmakaya generado previamente en la sadhana, el yogui pasa por los pensamientos siguientes:

Si permanezco en este estado no puedo beneficiar a los seres, el Dharmakaya sólo es percibido por losBudas y no por el común de los mortales. Por esta razón debo manifestarme con el Cuerpo de Deleite o Samboghakaya.

La base de purificación es el bardo, y el elemento purificador real es el Cuerpo Ilusorio del estado de consumación, que aún no poseemos. Pero en el estado de generación creamos las causas para obtenerlo, sembramos semillas para que madure. El resultado de la purificación es el Cuerpo de Deleite o Samboghakaya de un Buda.

En la sadhana, la sílaba *tam* es el objeto de visualización que se utiliza para llevar el bardo al sendero espiritual. No porque tenga un aspecto similar al que tendrás como ser del bardo, sino por su sutileza. Imaginas que la mente de la Luz Clara que estás experimentando en este punto de la sadhana es inseparable de su aire asociado, y que dicho aire se transforma en *tam*. La mente que percibe es la Luz Clara, y el aire que acompaña es el Cuerpo Ilusorio.

Cuando te manifiestas como *tam*, no hace falta que te concentres en su aspecto sino en el sentimiento de orgullo divino: "soy *tam*, soy el Samboghakaya que conseguiré en el futuro". La ventaja de esa visualización es poder emplazar el orgullo divino de ser el Samboghakaya, objeto imputado, sobre la base de imputación, la sílaba *tam*.

Cuando el espacio de vida de un ser del bardo termina, pasa muy rápidamente por los ocho signos de la muerte, su consciencia se mezcla con el semen y la sangre de sus futuros padres. Al volver a nacer, estos signos se suceden a toda velocidad en sentido inverso. Entre la muerte del ser del bardo y la ulterior concepción se produce un momento fugaz de Luz Clara.

Llevar el renacimiento al sendero del Nirmanakaya

> Generarse como Deidad.
> Bendecir los tres lugares del cuerpo.
> Invocar y absorber a los seres de sabiduría.
> Recibir la Iniciación y sellar la coronilla
> con Amitabha.

La definición de llevar el renacimiento al sendero del Nirmanakaya es: "Un yoga imputado y creado artificialmente que purifica el nacimiento ordinario (base de purificación), causa que madure el cuerpo burdo de la deidad (sendero purificador), y establece el Nirmanakaya o Cuerpo de Emanación de un Buda (resultado de la purificación)".

Generarse como Deidad

Si antes, desde el estado del Dharmakaya, te manifestabas bajo el aspecto del Sambhogakaya, ahora desde el estado del bardo representado por la sílaba *tam,* generas la siguiente motivación:

Mi Cuerpo de Deleite, representado por tam,
sólo puede ser visto por seres muy realizados y
para beneficiar a todos los seres adoptaré ahora
el Cuerpo de Emanación.

En el *Tantra de Chitamani Tara* hay tres puntos a tener en cuenta para autogenerarse como la deidad Tara: 1) La sílaba semilla *tam,* 2) La flor upala adornada con *tam,* 3) Su transformación en Tara.

Recuerda que en este punto de la sadhana te has manifestado bajo el aspecto de *tam.* A continuación, te transformas en una flor úpala marcada con la sílaba *tam,* desde la que emites infinitos rayos de luz que bendicen a todos los seres. Los rayos se reabsorben la *tam,* e instantáneamente naces como Tara –tú mismo te transformas en Tara–: eres el Cuerpo de Emanación.

Hay otra manera de generarse como Tara que consiste en seguir el sistema de las Cinco Sabidurías Iluminadas. Así es como se hace en las prácticas de Heruka o Vajra Yoguini. Este es el procedimiento:

La *tam* es uno mismo flotando en el espacio, representando el bardo. El suelo debajo de ti es suave y liso como la palma de la mano, y sobre él visualizas un disco lunar rosáceo encima del cual aparecen ochenta consonantes y treinta y dos vocales sánscritas, rojas y blancas. El disco lunar y las letras representan el semen y la sangre de los padres.

El color blanco representa la *sabiduría del espejo*, el color rojo la *sabiduría de la igualdad*. Como *tam*, desciendes para posarte en el centro del disco lunar, rodeándote están las consonantes y las vocales sánscritas. Este proceso reproduce el momento de tu concepción, cuando tu consciencia se mezcla con las gotas blancas y rojas de tus futuros padres.

Que la *tam* toque el disco lunar y quede rodeada por la guirnalda de letras, ejemplifica la *sabiduría del análisis individual*. Seguidamente, de *tam*, de las sílabas y del disco lunar, surgen rayos de luz que hacen ofrecimientos y bendicen a los seres. Cuando dichos rayos de luz regresan para transformarse en una flor *úpala* sellada con *tam*, simbolizan la *sabiduría que ejecuta actividades*. Cuando la flor úpala, la *tam* y la luna se disuelven en luz y se transforman en Tara, se manifiesta la *sabiduría del Dharmadhatu*.

La descripción de este proceso sirve para recordarte que, cuando un ser es concebido, pasa por cinco diferentes etapas (descritas con detalle en los libros *Joyas del Budismo* y *Muerte y Reencarnación*). De este modo el practicante medita en un sendero que reproduce el nacimiento.

Independientemente del sistema que sigas, una vez te has manifestado como Tara, visualízate encima de un loto y un disco lunar, bellamente engalanada con todos tus adornos. No deberías imaginar un cuerpo de Tara sólido, hecho de sangre y huesos, ni verte como una imagen plana carente de vida, sino que debes concebir un cuerpo de luz verde radiante, de la misma naturaleza que el arco iris.

Cuando meditas recuerda que *te has transformado en Tara, tú eres Tara*. Es muy importante que sientas orgullo divino de ser Tara, el Nirmanakaya resultante.

Este es el Yoga de la Deidad que integra sus dos características esenciales: orgullo divino y claridad. El propósito del estado de generación es abandonar el concepto y la apariencia ordinarios; para debilitar el concepto ordinario, generamos orgullo divino de ser la Deidad, y para hacer lo propio con la apariencia ordinaria, generamos claridad sobre la base de nuestro cuerpo de Deidad.

A continuación, sigue el ritual en la sadhana que describe el proceso recién explicado sobre como llevar los tres cuerpos al sendero:

Llevar la muerte al sendero del Dharmakaya

1. *El Campo de Méritos y todo el entorno se absorbe en mí, Tara: visión del espejismo.*
2. *Arya Tara se absorbe en la sílaba Tam: visión del humo.*
3. *La Ah corta se absorbe en el cuerpo de la sílaba Ta: visión de chispas.*
4. *El cuerpo de la Ta se absorbe en la cabeza, en la línea superior: visión de la llama.*
5. *La cabeza de la Ta en la luna creciente: visión blanca.*
6. *La luna creciente en la gota: visión roja.*
7. *La gota en la llama, nada: visión de oscuridad.*
8. *La llama se extingue: visión de la Luz Clara.*

OM SOBAWA SHUDA SARWA DHARMA SOBAWA SHUDO HAM

(Recita este mantra y medita en él hasta que su significado aparezca mezclado con tu mente).

Todo se vuelve vacuidad

Llevar el bardo y renacimiento al sendero del Sambhogakaya y Nirmanakaya respectivamente

Desde el estado de la vacuidad, aparece un suelo azul como el lapislázuli tan suave como la palma de la mano.

En el centro de un gran océano de leche se levanta una vasta extensión de jardines de hierba verde, salpicados de flores de loto y úpalas que desprenden dulces fragancias. Embellecen el paisaje numerosos ríos donde revolotean y juegan aves acuáticas de variados colores.

(Lo que vemos, sin embargo, es un reflejo de la sabiduría del Dharmakaya, similar al arco iris, en el que percibimos distintos colores que no se mezclan entre si.).

Todo es limpio y claro. En el centro de esta visión aparece una sílaba PAM que se transforma en un loto de ocho pétalos en cuyo centro aparece, de repente, una sílaba Tam de color verde. Esta irradia rayos de luz que realizan los dos propósitos, purifican a todos los seres convirtiéndolos en Arya Tara y hacen ofrecimientos a todos los Budas.

Los rayos se reabsorben en la TAM y ésta se convierte en una flor úpala, de color azul, marcada con la sílaba TAM. Todo ello se disuelve en luz y aparezco como el Nirmanakaya de la Venerable Madre. Soy de color verde esmeralda muy intenso.

Tengo dos brazos y una cara, bondadosa y sonriente.

El cabello es negro, largo y brillante, la mitad está recogido en un moño y adornado con lotos azules y numerosos ornamentos preciosos.

Mis ojos entreabiertos son alargados. La mano derecha está en el mudra de conceder realizaciones.

La izquierda, a la altura del corazón, muestra el mudra de las Tres Joyas. En cada mano sostengo una flor úpala azul. Mis pechos son grandes y esbeltos. Estoy adornada con todos los ornamentos preciosos y vestida con prendas de sedas exquisitas.

Tengo la pierna derecha estirada y la izquierda recogida. Hay una luna en mi espalda, en la que puedo recostarme y muestro con claridad todas las marcas y los signos.

En mi coronilla hay una OM blanca, que es la esencia del Cuerpo Vajra. En mi garganta una AH roja, esencia de la Palabra Vajra y en mi corazón una HUM azul, esencia de la Mente Vajra.

Desde la TAM en mi corazón, que se halla dentro de la gota de la HUM, irradio rayos de luz que invocan desde su lugar de residencia a la Venerable Madre Chitamani Tara, similar a la autogenerada. Ella aparece en el espacio frente a mí, rodeada de las veintiuna Taras.

Bendecir los tres lugares del cuerpo

Visualizarse bajo el aspecto de la Deidad representa al Ser de Compromiso. Imagina en la coronilla la sílaba *om* de color blanco, en la garganta la sílaba *ah* roja y en el corazón la sílaba *hum* azul, en cuya gota se encuentra la *tam* de color verde.

Invocar y absorber a los seres de sabiduría

Esta sección se lleva a cabo usando las siguientes palabras de la sadhana:

Desde su suprema residencia en el Potala, aquella que ha nacido de la letra verde Tam, cuya corona está adornada por el Buda Amitabha.

Madre que realizas las acciones de los Budas de los tres tiempos, Arya Tara, por favor, desciende aquí con tu séquito.
Dioses y Titanes inclinan sus coronas ante tus pies de loto. A ti, Divina Madre que liberas de todas las privaciones, yo me postro.

Oración de las Siete Ramas

Me postro con una mente pura ante la Venerable Arya Tara, ante todos los Budas que permanecen en los tres tiempos y las diez direcciones, y ante sus hijos.

Hago ofrecimientos de flores, incienso, luz, perfume, comida, música y demás, tanto reales como creados con la imaginación. Por favor, asamblea de Aryas, aceptadlos.

Confieso las diez acciones no virtuosas, las cinco acciones extremas y todos aquellos actos que por causa de mi mente engañosa vengo cometiendo desde tiempos sin principio.

Me regocijo de los méritos de todas las acciones virtuosas acumuladas en los tres tiempos por los Oyentes, Realizadores Solitarios, Bodhisatvas y seres ordinarios.

Por favor, gira la Rueda del Dharma de los vehículos grande, medio y común, según las actitudes y características de las mentes de los seres conscientes.

Te ruego que no pases al Nirvana hasta que termine el samsara y que mires con compasión a todos los seres conscientes, inmersos en el océano del sufrimiento.

Ojala todos los méritos que haya podido reunir, se conviertan en causa para llegar a la Iluminación, y para que pronto pueda convertirme en el glorioso liberador de todos los seres conscientes.

De *Tam* en tu corazón surgen rayos de luz que invocan a todos los Budas, desde el Dharmakaya al Nirmanakaya. Puesto que no existe ningún lugar que no esté impregnado por la omnisciencia de un Buda, su cuerpo también debe estar presente.

Imagina una lluvia de seres de sabiduría bajo el aspecto de numerosas Asambleas de Veintiuna Taras frente a ti. Se van disolviendo unas en otras hasta que sólo queda un grupo de Veintiuna Taras, todas ellas de igual tamaño.

La Tara Verde central está rodeada de las veintiuna Taras que la circundan en dirección horaria. Adoptan la misma posición que Tara Verde, lo único que va cambiando es su color y que ellas sostienen una *bumpa* o vasija, a diferencia de Tara Verde que sujeta otros instrumentos.

En otros Tantras, después de ser invocados, los seres de sabiduría se absorben en el yogui, pero en el *Tantra de Chitamani Tara* se quedan delante del practicante para que pueda ofrecerles la oración de las Siete Ramas y las Alabanzas. Después se disolverán.

Recita la Alabanza a las Veintiuna Taras pensando que estás al cuidado de todas ellas. El tipo de protección que confiere cada Tara, lo representa el néctar en sus respectivas *bumpas*. Al final de cada alabanza, una réplica de la Tara invocada se disuelve en ti penetrando tu coronilla, y así recibes su bendición y protección particular.

Homenaje a las veintiuna Taras

OM HOMENAJE A LA VENERABLE ARYA TARA

ALABANZA A TARA POR LA HISTORIA DE SU VIDA

Rindo homenaje a Tara, la rápida, la heroína, cuyos ojos son como el resplandor del rayo, la que aparece al abrirse la flor de loto de entre las lágrimas de compasión del señor de los tres mundos.

ALABANZA A TARA POR EL BRILLO Y DESTELLOS DE SU CARA

Te rindo homenaje a ti, cuyo rostro es como cien lunas llenas de otoño fundidas en una; a ti que resplandeces con la luz brillante de mil constelaciones.

ALABANZA A TARA POR SU COLOR, LO QUE SOSTIENE Y SUS CAUSAS

Te rindo homenaje a ti, la de color azul dorado cuya mano, está perfectamente adornada con una flor de loto. A ti que surges de las prácticas de generosidad, esfuerzo, disciplina moral, paciencia sabiduría y concentración.

*ALABANZA A TARA, HONRADA POR LOS
CONQUISTADORES Y LOS BODISATVAS*

*Te rindo homenaje a ti que adornas la ushnisha de todos los
tathagatas mostrando que tus acciones victoriosas no tienen
límites. A ti, a quien honran los hijos de los conquistadores, la
que ha obtenido todas las Perfecciones.*

*ALABANZA A TARA POR SUBYUGAR
LAS CONDICIONES ADVERSAS*

*Te rindo homenaje a ti que pronunciando TUTTARA y HUM
llenas el reino del deseo, las direcciones y el espacio.
Con los siete mundos bajo tus pies, puedes atraer a todos los
seres al gozo.*

*ALABANZA A TARA, RESPETADA POR LOS
GRANDES DIOSES MUNDANOS*

*Te rindo homenaje a ti que eres venerada por Indra, Agni,
Brahma, Vayu y otros dioses poderosos. Tu sola presencia subyuga a las huestes de espíritus malignos, zombis, comedores de
olor y procuradores de daños, quienes respetuosamente ofrecen
sus alabanzas.*

*ALABANZA A TARA
POR DESTRUIR OPONENTES*

*Te rindo homenaje a ti que pronunciando TRA y PHET, des-
truyes completamente y para siempre a los enemigos. A ti, que
con tu pierna derecha extendida y la izquierda recogida, estás
en medio de un fuego fiero y rabioso. A la que destruye completamente las obstrucciones de los enemigos.*

*ALABANZA A TARA POR PACIFICAR
A LOS DEMONIOS Y LOS DOS TIPOS
DE OBSTRUCCIONES*

Rindo homenaje a TURE, la extremadamente fiera, quien destruye por completo al peor de los demonios. Con la expresión iracunda en un rostro de loto, eliminas a todos los enemigos sin excepción.

ALABANZA A TARA EN RELACIÓN A LOS OBJETOS QUE SOSTIENE EN SUS MANOS DERECHA E IZQUIERDA

Te rindo homenaje a ti, cuyos dedos adornan perfectamente tu corazón con el mudra que simboliza las Tres Joyas preciosas, engalanada con una rueda que señala todas las direcciones cuya luz radiante lo deslumbra todo.

ALABANZA A TARA POR EL ORNAMENTO DE SU CORONILLA Y EL SONIDO DE SU RISA

Te rindo homenaje a ti, cuyo radiante ornamento en la coronilla irradia una guirnalda de luz. A quien con risa jovial exclamas TUTTARE, y subyugas a los demonios y dioses mundanos.

ALABANZA A TARA POR LAS ACCIONES DIVINAS QUE REALIZA VALIÉNDOSE DE LOS DIEZ GUARDIANES DIRECCIONALES

Te rindo homenaje a ti que eres capaz de valerte de todos los guardianes direccionales y comitivas. Enfurecida, pronuncias la letra HUM, y les haces temblar. A ti que redimes a todos de sus desgracias.

ALABANZA A TARA POR EL ORNAMENTO DE SU CORONILLA

Te rindo homenaje a ti, cuya coronilla está adornada con una luna creciente. Todos tus ornamentos brillan con resplandor, Amitabha sobre tu pelo recogido en un moño irradia raudales de luz eterna.

ALABANZA A TARA POR SU POSTURA IRACUNDA

Te rindo homenaje a ti que moras en un aura de llamas refulgente como el fuego del final de un eón. Con tu pierna derecha extendida y tu izquierda recogida, destruyes los más poderosos obstáculos de aquellos que se complacen con la rueda del Dharma.

ALABANZA A TARA POR LA LUZ QUE IRRADÌA DE LA LETRA HUM

Te rindo homenaje a ti que golpeas el suelo con la palma de tu mano y lo marcas con la huella de tu pie. Con una mirada iracunda y la letra HUM subyugas a los espíritus de los siete niveles.

ALABANZA A TARA POR SU ASPECTO DEL DHARMAKAYA

Te rindo homenaje a ti que feliz, virtuosa y pacífica, moras en la esfera de la paz del nirvana. Plenamente dotada con SOHA y OM, destruyes por completo las acciones negativas más pesadas.

ALABANZA A TARA POR SUS ACCIONES DIVINAS DE MANTRAS PACÍFICOS E IRACUNDOS

Te rindo homenaje a ti, que subyugas por completo a los enemigos de los seres gozosos que te rodean. Liberándolos con la HUM de tu mantra de diez sílabas.

ALABANZA A TARA POR SUS ACCIONES DIVINAS QUE HACEN TEMBLAR LOS TRES MUNDOS

Rindo homenaje a TURE, la de los pies que patean, nacida de una semilla bajo el aspecto de HUM. A ti que haces temblar el Monte Meru, Mandhara y Vindha y los tres mundos enteros.

*ALABANZA A TARA POR SUS ACCIONES DIVINAS
DE DISIPAR VENENOS INTERNOS Y EXTERNOS*

*Te rindo homenaje a ti que sostienes en tu mano una luna, el
lago de los dioses, diciendo TARA dos veces y el sonido PHAT,
disipas todos los venenos por completo y para siempre.*

*ALABANZA A TARA POR SUS ACCIONES DIVINAS
DE DISIPAR CONFLICTOS Y MALOS SUEÑOS*

*Te rindo homenaje a ti, honrada por los reyes de las huestes de
Deidades, y por los dioses y kinnaras. Vistiendo dignamente
tu alegre y brillante armadura disipas los conflictos y malos
sueños en un instante.*

*ALABANZA A TARA POR SUS ACCIONES DIVINAS
PARA DISIPAR ENFEMERMEDADES*

*Te rindo homenaje a ti, cuyos ojos como el sol y la luna llena, irra-
dian una luz clara y pura. Diciendo HARA dos veces y TUTTARA,
disipas las más virulentas enfermedades infecciosas.*

*ALABANZA A TARA POR SUS ACCIONES DIVINAS
DE SUBYUGAR ESPÍRITUS MALIGNOS Y ZOMBIS*

*Te rindo homenaje a ti que tienes el perfecto poder de pacificar
concediendo tus bendiciones de las tres talidades, subyugadora
de las huestes de espíritus malignos, zombis y provocadores del
mal.*
¡OH TURE, la más excelente y suprema!

*ASÍ CONCLUYE ESTA ALABANZA DEL MANTRA
RAÍZ Y LOS VEINTIÚN HOMENAJES A ARYA TARA*

La primera Tara es la rápida y audaz. Es de color rojo y
sostiene un *bumpa* del mismo color con néctar cuya fuerza es
la de controlar. Se sienta justo enfrente de la Tara central.

Tara cuyo rostro es como cien lunas de otoño, es de color blanco y sostiene un *bumpa* del mismo color con néctar que neutraliza interferencias, obstáculos y espíritus.

Tara de color azul dorado sostiene una *bumpa* del mismo color con néctar que aumenta la vida y el mérito.

Tara, corona de los Tathagatas, es de color dorado. Sostiene un *bumpa* del mismo color con néctar para aumentar la vida.

Tara que retumba con el sonido *hum*, es de color rojo y sostiene un *bumpa* con néctar que atrae hacia uno las mentes de los demás.

Tara victoriosa en los Tres Mundos, es de color negro rojizo. Sostiene un *bumpa* con néctar que enloquece las fuerzas de los elementos.

Tara que destruye el poder de los demás es de color negro y sostiene un néctar que elimina la fuerza de los mantras malignos de los que desean perjudicarte.

Tara que destruye a los maras, es de color rojo oscuro y su néctar destruye enemigos.

Tara con el mudra que representa a las Tres Joyas. Es de color blanco y su néctar protege de todo tipo de temores.

Tara que domina todo tipo de maras (demonios) o dioses mundanos, es roja y su néctar acaba con ellos.

Tara que elimina la pobreza, es de color dorado y su néctar termina con la escasez.

Tara que promueve lo que es propicio, es de color naranja y su néctar causa todos los buenos auspicios.

Tara que está en medio de un fuego ardiente, es de color rojo. Su naturaleza es iracunda y tiene tres ojos. Su néctar destruye las fuerzas enemigas.

Tara que muestra un aspecto colérico, es de color negro y su néctar subyuga a los seres que provocan obstáculos.

Tara feliz, virtuosa y pacifica es de color blanco y su néctar limpia todo lo negativo.

Tara del mantra *hum*, rodeado de diez sílabas, es de color rojo y su néctar aumenta el poder del mantra.

Tara causante de que se muevan los tres mundos, es de color naranja y su néctar destruye los mantras del linaje negro.

Tara que elimina el veneno, es de color blanco y su néctar es un bálsamo que neutraliza los venenos que causan enfermedades.

Tara que elimina los malos sueños y conflictos. Es de color blanco y su néctar elimina la ansiedad.

Tara que elimina enfermedades contagiosas, es de color naranja y su néctar cura de tales afecciones.

Tara que realiza todo tipo de actividades divinas, es de color blanco y su néctar produce varios tipos de logros.

Después de la Alabanza suele hacerse la oración de Matisara y el ofrecimiento del mandala, que viene a continuación en la sadhana.

Ofrecimiento del mandala

Om Vajra Bhumi ah hum
La grandiosa y poderosa base de oro
Om vajra rekhe ah hum
rodeada en su confín por el vallado férreo.
En el centro el Monte Meru, rey de las montañas,
y a su alrededor los cuatro continentes:
En el este Purvavideha, en el sur Jambudipa
en el oeste Aparagonadiya y en el norte Uttarakuru.
Cada uno con dos subcontinentes:
Deha y Videha, Tsamara y Apatsamara,
Satha y Utaramantrina, Kurava y Kaurava
La montaña de joyas, el árbol que colma los deseos,
La vaca que colma los deseos y la cosecha sin cultivar,
La rueda preciosa, la joya preciosa,
La reina preciosa, el ministro precioso,
El elefante precioso, el supremo caballo precioso,
El general precioso y la gran vasija de los tesoros,
La diosa de la belleza, la diosa de las guirnaldas,

La diosa de la música, la diosa de la danza,
La diosa de las flores, la diosa del incienso,
La diosa de la luz y la diosa del perfume,
El sol y la luna, la sombrilla preciosa
y la bandera de la victoria en todas las direcciones.
En el centro, todos los tesoros humanos y divinos.
Esta magnífica colección que no carece de nada,
Os ofrezco a ti, mi bondadoso Maestro Raíz,
y a los Maestros del Linaje.
Con vuestra gran compasión aceptad, por favor,
estas ofrendas por la causa de todos los seres migratorios
y concedednos, por favor, vuestras bendiciones.

Os ofrezco esta base con flores y ungida de incienso, con
el Monte Meru, los cuatro continentes, el sol y la luna,
percibida como una tierra pura de Buda.
Que todos los seres puedan disfrutar de una tierra pura.
Así, oh sublime objeto de refugio, rápidamente protege,
por favor, a todos los seres conscientes de los miedos de
enfermedades, espíritus, obstáculos, muerte prematura,
malos sueños, malos augurios y demás.

IDAM GURU RATNA MANDALAKAM NIRYATAMI

El néctar y rayos de luz producidos por las súplicas que vienen
a continuación te colman de bendiciones y te purifican.

Súplica

Oh Venerable Madre, a ti que engendras a los Budas de los tres
tiempos. Gran tesoro de compasión. ¡Oh Madre Arya Tara, por
favor, limpia todas mis faltas y obstáculos.

Purificación

Habiendo hecho esta súplica, desde el dedo anular de la mano
izquierda de Arya Tara, que está en el mudra de dar protección,

sale un haz de luz blanca, del grosor de un tallo de trigo. A través de él fluye néctar blanco, como una corriente de leche que viene a mi coronilla y llena completamente mi cuerpo, purificando todas mis faltas, enfermedades, ofensas y obstáculos y sombras. Mi cuerpo queda limpio y transparente como el cristal.

Después de la súplica y la purificación, la Asamblea de Taras se absorbe en la Tara central y, ésta, en tu corazón. Al pronunciar *dza*, Tara se acerca a tu coronilla; al pronunciar *hum*, entra en ti, aunque todavía no se unen —como cuando viertes leche en el agua; al recitar *bam* se produce la unión no dual— agitas la leche y el agua hasta que se mezclan; finalmente, al pronunciar *ho*, la unión se hace indestructible, el agua y la leche adquieren un solo sabor: El ser de sabiduría y el de compromiso se han unido. Este proceso viene relatado a continuación con las siguientes palabras de la sadhana.

Absorción de las Veintiuna Taras

Las veintiuna Taras se disuelven en luz y se absorben en la Tara principal. La Tara principal se absorbe en mí y nos hacemos inseparables.

DZA HUM BAM HO

Recibir la Iniciación y sellar la coronilla con Amitabha

De *tam* en tu corazón emites un chorro luz que invoca al Buda Amitabha y a las diosas de la Iniciación, que son las consortes de los cinco Dhyani Budas. A todos ellos rindes pleitesía les haces ofrendas. Vierten en ti el néctar que elimina enfermedades y obstáculos, llenando todo tu cuerpo. Una gota de ese néctar rebosa por el chakra de tu coronilla y se transforma en el Buda Amitabha. Las diosas de Iniciación se disuelven en ti.

Antes, cuando tu mismo como ser de concentración absorbías a los seres de sabiduría, las Veintiuna Taras, te elevabas a la categoría de príncipe. Al coronarte con el Buda Amitabha, una vez recibida la Iniciación de los cinco Dhyani Budas, quedas proclamado rey. Las palabras que ilustran esta práctica en la sadhana son:

Iniciación por los Cinco Dhyani Budas

De nuevo, desde la sílaba semilla en mi corazón, sale luz invocando a las Deidades de la Iniciación de las cinco familias que vienen junto a sus consortes, siendo Amitabha la figura principal. (A su alrededor, en dirección contraria a las agujas del reloj están: Akshobya, Amogasidhi, Vairochana y Ratnasambhava).

OM PANCHA KULA SAPARIWARE ARGHAM,
   PRATITZA HUM SOHA.
OM PANCHA KULA SAPARIWARE PADYAM,
   PRATITZA HUM SOHA.
OM PANCHA KULA SAPARIWARE PUPE,
   PRATITZA HUM SOHA.
OM PANCHA KULA SAPARIWARE DHUPE,
   PRATITZA HUM SOHA.
OM PANCHA KULA SAPARIWARE AHLOKE,
   PRATITZA HUM SOHA.
OM PANCHA KULA SAPARIWARE GUENDE,
   PRATITZA HUM SOHA.
OM PANCHA KULA SAPARIWARE NIUDE,
   PRATITZA HUM SOHA.
OM PANCHA KULA SAPARIWARE SHAPTA,
   PRATITZA HUM SOHA.

¡Por favor, concededme la Iniciación!

Habiendo hecho esta súplica, las Deidades levantan sus jarras llenas de néctar de sabiduría trascendental, y me conceden la Iniciación diciendo:

OM SARWATATAGHATA ABIKEKATA SAMAYA SHRI YE AH HUM

El néctar llena mi cuerpo hasta rebosar, purificando todas mis faltas. Una gota brota de mi coronilla y se convierte en Buda Amitabha, que adorna mi cabeza.

Las Deidades de Iniciación se absorben en mí.

Recitar alabanzas y hacer ofrecimientos, táctica excelente para beneficiar a los demás

Yoga de los ofrecimientos
Alabanzas
Recitaciones

Yoga de los ofrecimientos

El yoga de los ofrecimientos se lleva a cabo con el propósito de sembrar semillas kármicas cuyos frutos nos permitan disfrutar de los objetos de los sentidos en las vidas futuras tal y como los experimenta un Buda. Los ofrecimientos externos deben estar dispuestos en el altar de izquierda a derecha desde nuestra perspectiva, que es la misma que tiene la Deidad situada frene a nosotros. La primera fila de ofrecimientos va dirigida a ti, que te visualizas como Tara, la segunda es para la Deidad externa. Las ofrendas deben consagrarse con las prácticas de: 1) limpiar, 2) purificar, 3) generar, 4) bendecir.

Limpiar

Humedece las puntas de los dedos pulgar y anular de la mano izquierda con el ofrecimiento interno y salpica en dirección a los ofrecimientos. La diosa Vajra Amrita surge de tu corazón y espanta a todos los obstáculos con su mantra: *om vajra amrita kuntali hana hana hum phe.*

Purificar

Para purificar la apariencia y concepción ordinaria de los fenómenos recita el mantra de la vacuidad: *om sobhava shudho sarwa dharma sobhawa shudo ham*

Generar

Tras recitar el mantra, imagina que del espacio de la vacuidad surgen ocho sílabas *kam*. Cada una de ellas se transforma en un gran recipiente lleno del ofrecimiento respectivo.

Bendecir

El aspecto del ofrecimiento es el habitual, el ordinario, su naturaleza es el gran gozo no dual, y su función es la de producir gozo a los diferentes sentidos. Se bendice, tal y como se ha explicado en secciones previas. La percepción y concepción ordinaria de los ofrecimientos se purifica meditando en el gran gozo no dual. Aunque en otras tradiciones no se hace el ofrecimiento a uno mismo bajo el aspecto de la Deidad, en la tradición Guelupa, ésta, se considera una práctica muy importante.

Recitas el mantra correspondiente, y de tu corazón surgen diosas de ofrecimiento. *Om* se refiere al cuerpo vajra de todos los Budas. *Arya Tara* es la Deidad. *Sapariwara* significa *con todo tu séquito*. A continuación se incorpora el nombre del ofrecimiento, *arhgam, padyam*…y para concluir decimos *partitza hum soha* que significa *por favor, aceptadlo*.

La recitación de cada ofrecimiento comienza con: 1) un chasquido de dedos a la altura de tu corazón con las manos hacia fuera , símbolo de que las diosas salen del corazón; 2) se hace el mudra *del loto que gira*, también en el corazón; 3) dibujamos con las manos el mudra que representa el ofrecimiento respectivo, y 4) otro chasquido en el mismo lugar con las manos hacia dentro, representa que las diosas regresan de donde salieron, que los aires de energía se reúnen en el canal central y que allí es donde mora la sílaba *tam*. Hacer los mudra siembra semillas para que, eventualmente, se suelten los nudos del chakra del corazón.

Ofrecimiento interno

Pruebas un poco del ofrecimiento interno imaginando que de tu corazón salen innumerables diosas del sabor que te dan a probar el néctar: acompañas la visualización con el mudra *del loto que gira*.

Alabanza

Surgen de tu corazón diosas preciosas adornadas con joyas reproduciendo con sus manos el mudra de la oración. Inclinan sus cabeza ante ti y honran tu cuerpo, palabra y mente de Tara, lo cual te produce un gozo incomparable. Después, las diosas regresan a su lugar de origen. Estas últimas prácticas aparecen en la sadhana de esta manera:

Ofrecimientos a la autogeneración

OM VAJRA AMRITA KUNTALI HANA HANA HUM PHE

OM SOBAWA SHUDA SARWA DHARMA SOBAWA SHUDO HAM

Todo se vuelve vacuidad. Desde la vacuidad, aparecen ocho sílabas KAM que se convierten en ocho kapalas, dentro de cada uno de ellos aparece una HUM que se transforma en la sustancia de ofrecimiento. Su naturaleza es vacua y su aspecto es el del ofrecimiento respectivo. Su función es la de proporcionar a los seis sentidos un gozo especial no contaminado.

OM ARHGAM AH HUM (agua para beber)
OM PADYAM AH HUM (agua para los pies)

OM VAJRA PHUPE AH HUM (flores)
OM VAJRA DUPE AH HUM (incienso)
OM VAJRA AHLOKE AH HUM (luz)
OM VAJRA GUENDE AH HUM (perfume)
OM VAJRA NIUDE AH HUM (comida)
OM VAJRA SHAPTA AH HUM (música)

De esta forma quedan bendecidos los ofrecimientos. Se ofrecen recitando:

OM ARYA TARE SAPARIWARE ARHGAM,
PRATITZA HUM SOHA
OM ARYA TARE SAPARIWARE PADYAM,
PRATITZA HUM SOHA
OM ARYA TARE SAPARIWARE PHUPE,
PRATITZA HUM SOHA
OM ARYA TARE SAPARIWARE DUPE,
PRATITZA HUM SOHA
OM ARYA TARE SAPARIWARE AHLOKE,
PRATITZA HUM SOHA
OM ARYA TARE SAPARIWARE GUENDE,
PRATITZA HUM SOHA
OM ARYA TARE SAPARIWARE NIUDE,
PRATITZA HUM SOHA
OM ARYA TARE SAPARIWARE SHAPTA,
PRATITZA HUM SOHA

Ofrecimiento interno

OM ARYA TARE SAPARIWARE OM AH HUM

Alabanza

Deidad que he practicado en mis vidas previas, eres la actividad divina de los Budas de los tres tiempos; verde, con una cara y dos brazos, veloz pacificadora. ¡Te rindo homenaje, oh Madre que sostienes una flor úpala!

El Estado de Generación

Cómo adiestrarse en el estado de generación

Este apartado tiene dos divisiones:

Estado de generación burdo.
Estado de generación sutil.

Todo lo que percibimos en la actualidad –objetos, personas y medio ambiente son meras apariencias ordinarias –es decir, apariencias teñidas por el aferramiento a la existencia inherente– y el antagonista de este defecto innato es familiarizarse con la apariencia clara de uno mismo como Deidad. Nuestras percepciones son ordinarias y así también nuestras concepciones. Para eliminar esta falta meditamos en el orgullo divino de ser la Deidad. La apariencia y concepción ordinarias son las dos emociones aflictivas que pretendemos abandonar en el estado de generación. El objetivo del Sutra es desarrollar *la permanencia apacible* para fusionarla con la *visión superior*. En el Tantra, en cambio, trabajamos con ambas simultáneamente: generar claridad en la Deidad te permite comprender que dicha apariencia carece de existencia inherente.

El poder del karma y las emociones aflictivas nos mantienen sujetos al samsara. El vehículo del Sutra nos proporciona medios para superar las emociones aflictivas burdas, sin embargo, no elimina las más sutiles: los obstáculos a la omnisciencia. La clave para conseguirlo es tener experiencias profundas del estado de consumación ya que, en este nivel, los aires se reúnen, se disuelven y permanecen y en el canal central, aflojando los nudos en nuestros chakras y dando paso a la mente del gran gozo que se emplaza sobre la vacuidad. Primero a través de una imagen mental, después de manera directa. Esta mente de gran gozo, conocida también como Luz Clara, es la responsable de experimentar directa o indirectamente la vacuidad, y de manifestar el Cuerpo Ilusorio. La unión de Luz Clara y el Cuerpo Ilusorio nos conduce a la Budeidad en una sola vida.

Para practicar el estado de consumación y acceder a los elevados estados mencionados es vital practicar el estado de generación, cuya esencia es desarrollar claridad y orgullo divino que, a su vez, dependen de un nivel de concentración óptimo.

A causa de las emociones aflictivas y el karma contaminado te ves forzado a nacer, morir y atravesar el bardo vida tras vida. Puesto que el estado de consumación te capacita para concentrar todos los aires en el canal central, transformas de manera efectiva las bases de la purificación que son la muerte, el bardo y el renacimiento ordinarios. Pero, el sendero que hace madurar y prepara tu continuo mental para que entres en tan elevado nivel, es el estado de generación en el que *fabricas* un símil de la muerte, del bardo y del renacimiento.

Estado de generación burdo

El propósito del estado de generación es estabilizar la apariencia de la Deidad y cultivar la recitación del mantra. Autogenerarse como Tara no significa ponerse el disfraz de Deidad para interpretar un papel: te transformas en Tara. Tu cuerpo y mente actuales son ordinarios, y con el objeto de purificarlos, disuelves esa apariencia y concepción incorrectas en la esfera del gozo no dual. Esta experiencia específica subsiguiente es la sustancia mental que se transforma en Tara.

Disolverse en la vacuidad es la causa precisa para obtener el Dharmakaya –Cuerpo de Verdad–. Surgir desde ese estado como Deidad produce el Rupakaya –Cuerpo de la

Forma. Cuando meditas en tu forma de Tara, entiendes que dicha apariencia no es inherente: aunque aparece, no existe por su propio lado. El ángel Tara le reveló Thagpu Dordge Chang en una de sus visiones que éste era, precisamente, el punto crucial de todo el estado de generación.

Cuando empiezas a sentirte incomodo manteniendo la concentración en orgullo divino y claridad, es el momento de recitar el mantra.

Algunos practicantes están tan impacientes por implicarse en una Aproximación (retiro de mantras) que lo hacen sin haber recibido el comentario de la práctica, ni comprender los puntos esenciales del estado de generación. Aunque es indudable que se acumula algún mérito, es un modo de proceder totalmente incorrecto. La manera adecuada de conducirse es la siguiente:

- Recibir la Iniciaciones pertinente.
- Recibir un comentario de boca de un practicante tántrico cualificado.
- Hacer la práctica a diario para tener una experiencia de la sadhana.
- Entrar en un retiro de Aproximación.

El estado de generación comprende dos niveles: burdo y sutil. En principio, debes adiestrarte en el nivel burdo, y sólo cuando consigues cierta estabilidad meditativa, abordas el sutil. A medida que progresas en ambos, te acercas a la permanencia apacible.

El estado de generación burdo consiste en trabajar con la meditación analítica para establecer con *claridad* la visualización de uno mismo como Deidad; también utilizamos la meditación de emplazamiento para dar *estabilidad* a la visualización y robustecer el sentimiento de orgullo divino.

Para perfeccionar nuestra concentración deben eliminarse la excitación, la distracción y el hundimiento. Tara misma dio estos dos métodos: para contrarrestar el hundimiento, sugería imaginar un punto brillante encima de la nariz; para contrarrestar la excitación, se situaría el punto brillante en el órgano sexual.

Si en un retiro de Aproximación no tratamos de mejorar la calidad de la permanencia apacible por medio del orgullo divino y la claridad, no puede ser considerado una práctica del estado de generación.

Sin conquistar la permanencia apacible, será difícil tener siquiera una ligera experiencia del estado de generación burdo. Es imperativo poner en práctica las enseñanzas al respecto que encontramos en el *Lam Rim*[5]. Se trata de instrucciones muy detalladas que, lejos de ser una invención gratuita de Lama Tsong Khapa, son el resultado de sus propias experiencias apoyándose en tratados de grandes eruditos de la India antigua como Asanga, Vasubhandu y Kamalashila, notorios por su precisión. Puedes pasarte toda la vida intentando desarrollar concentración, pero si no bebes de fuentes auténticas, nunca llegarás a conseguirlo. Muchos meditadores confunden el hundimiento sutil con un estado de concentración perfecta. No obstante, siguiendo las instrucciones correctas, es posible obtener la permanencia apacible en seis meses. Tras conseguirlo te conviertes en amo de tu mente, podrás permanecer sobre un objeto virtuoso de concentración con la estabilidad de una montaña. Además te beneficiarás de una increíble flexibilidad física y mental que te impulsará a implicarte en cualquier actividad virtuosa. Si con este poder mental te entregas a la investigación de la naturaleza última de los fenómenos, pronto obtendrás resultados.

He aquí una exposición de cómo desarrollar permanencia apacible dentro de la práctica del estado de generación. Recuerda: el objeto de meditación es la imagen de Tara que has creado mentalmente y que has estabilizado por la fuerza de tu concentración. Cuando el estado de generación se ha consumado es posible *ver* el objeto de meditación con total claridad.

---

5 Hay diversos textos de Lam Rim traducidos al español entre los que destacan *Senda de Luz*, Los *Tres Principios del Budismo*, publicados por Ediciones Amara.

Las cinco faltas

1) La pereza.
2) Olvidar las instrucciones.
3) El hundimiento y la excitación.
4) No utilizar el antídoto.
5) Utilizar el antídoto indebidamente.

Los ocho antídotos

1) Fe.
2) Aspiración.
3) Esfuerzo.
4) Flexibilidad.

Los cuatro primeros antídotos contrarrestan la pereza. El deseo sincero de conseguir una perfecta concentración promueve la fe y el esfuerzo, que dan como resultado la flexibilidad. Aunque el esfuerzo es necesario a lo largo de todo el proceso, al principio deberemos aplicarlo con mayor energía. El esfuerzo suscita la flexibilidad física y la mental. La flexibilidad mental genuina se consigue al obtener la permanencia apacible, y es responsable directa de cortar con la pereza. Como principiantes, necesitamos generar confianza en el poder de la concentración viendo todas sus ventajas.

5) Atención.

Te impide olvidar el tema en el que se supone debes estar concentrado. Explica Lama Tsong Khapa en su *Lam Rim Chenmo* que cualquier objeto es valido como elemento sobre el que enfocar la mente para desarrollar la permanencia apacible. Si se trata de algo material, es importante señalar que el elemento de enfoque no sería el objeto en cuestión, sino la imagen que la mente reproduce del mismo tras observarlo. Según el *Gran Sello del Mahamudra*, de Panchen

Losang Choky Gyaltsen, utilizaríamos la naturaleza de la mente como elemento de enfoque. Un practicante del estado de generación, sin embargo, utilizará su propio cuerpo de Deidad: en este caso, la forma de Tara.

Empiezas analizando tu cuerpo de Tara, de abajo a arriba. Observas el asiento de loto sobre el que descansas y vas subiendo hasta la coronilla, desde donde vuelves a bajar observando todos los detalles. Este proceso de observación forma parte de la meditación analítica y produce claridad. Para un principiante, tener claridad sobre la imagen completa de la Deidad no es cosa fácil, por ello, quizá le resulte más cómodo tratar de enfocar una sola parte del cuerpo, como el rostro, los ojos… una vez conseguido cierto nivel de claridad de la zona elegida, habrá encontrado el objeto en el que enfocarse.

6) Vigilancia.

Cuando estás emplazado sobre el objeto tienes que trabajar simultáneamente con dos herramientas: la atención y la vigilancia. La atención es el factor mental responsable de adherirse al objeto de meditación y no dejar que se desvanezca; la vigilancia observa por si aparecen la excitación o el hundimiento. Ayudado de la atención y la vigilancia, vas mejorando tu capacidad de mantenerte estable sobre el objeto. Si pierdes claridad, recurres nuevamente a la meditación analítica.

Alternando la meditación analítica y la de emplazamiento se desarrollan la claridad y la estabilidad. Hacer un uso correcto de estos dos tipos de meditación es muy importante. Los obstáculos que dificultan la claridad y la estabilidad son el hundimiento y la excitación respectivamente: la vigilancia los detecta.

Para poder superar ambos, debemos reconocer su naturaleza. La excitación no es una distracción cualquiera, sino aquella motivada por el apego. Podemos caer en la excitación burda y la sutil. La excitación burda ocurre cuando pierdes por completo el objeto de meditación; la excitación sutil, cuando una parte de la mente observa el objeto, pero el resto está dispersa. La distracción, en cambio, es provocada por el odio o cualquier otro engaño.

La pesadez, física y mental, causan que el objeto de enfoque se vea algo borroso, ocasionando el hundimiento o espesor de la mente. El hundimiento también puede ser burdo o sutil.

El hundimiento burdo se produce cuando, a pesar de sostener con estabilidad el objeto, tanto la claridad como la intensidad son débiles. Se trata de hundimiento sutil cuando la estabilidad y la claridad son correctas, pero falla la intensidad. Cuesta identificarlo: muchos practicantes confunden el hundimiento sutil con un estado de máxima concentración, pues el objeto se percibe con absoluta estabilidad y claridad. De hecho, es perfectamente posible que el meditador disfrute de tal grado de claridad y estabilidad sobre el objeto que incluso su respiración se vuelva imperceptible, sin embargo, si la intensidad es demasiado laxa se trata del hundimiento sutil. Cuando se da el caso, algunos practicantes piensan equivocadamente que ya han disuelto todos sus aires de energía dentro del canal central. Es muy importante detectar ese error, pues el hundimiento sutil no es un logro espiritual, sino un obstáculo que provoca olvido e ignorancia.

7) Usar el antídoto.

Para evitar la falta de no aplicar debidamente el antídoto es necesario identificar las causas que producen obstáculos en la meditación. La excitación sutil surge cuando la intensidad con que la mente sostiene el objeto es demasiado fuerte: aplicar el antídoto, en este caso, significaría relajar dicha intensidad. Si persiste la excitación, puede ser debido a un estado emocional demasiado álgido: para atenuarlo uno debe pensar en la muerte, en las desventajas del samsara o concentrarse en la respiración. Si tampoco funciona, aplicaríamos la mencionada técnica de imaginar un punto de luz. En el caso de que la excitación continúe, es mejor abandonar la sesión y reanudarla tras un breve descanso. La mejor manera de superar la excitación y el hundimiento es hacer varias sesiones, pero cortas.

¿Cómo trabajar con el hundimiento sutil? Este tipo de hundimiento aparece cuando, a pesar de que la claridad y la estabilidad están presentes, la mente sostiene el objeto con cierta laxitud. La vigilancia y la atención deben detectar este defecto para reforzar la intensidad. El siguiente ejemplo es muy grafico: cuando sostienes una taza rebosante de té, al principio eres muy consciente del su peso y no permites que se derrame ni una gota, pero al cabo de un rato, se te cansan los dedos, se afloja la presión (intensidad) sobre el asa…y se te puede llegar a caer. En el desarrollo de la concentración perfecta, la intensidad debe cultivarse desde la sabiduría y la constancia. Cuando aparece el hundimiento sutil, tu mente sigue sobre el objeto, pero le falta intensidad: un leve grado de indolencia contamina la concentración.

El hundimiento burdo, hace que el objeto de concentración se pierda completamente.

Aunque lo mejor es aplicar el antídoto antes de que aparezca, para remediar el hundimiento, procura elevar el tono de la mente meditando en el perfecto renacimiento humano, en los beneficios de la bodhichita o en las cualidades de las Tres Joyas. Si no se soluciona el problema, medita en la respiración, o recurre a la gota de luz blanca. Otro remedio eficaz es pasear por un lugar elevado, o cerca del mar, y expandir la visión.

Cuando sostienes el objeto de concentración, es vital aplicar la intensidad en su justa medida: ni demasiado fuerte, ni demasiado floja. Si es demasiado fuerte, aparecerá la excitación y si es demasiado floja, el hundimiento.

Para concentrarte sobre un objeto necesitas, además, claridad y estabilidad. Si la claridad es excesiva, cuida de que no produzca excitación; si acentúas demasiado la estabilidad, guárdate de no caer en el hundimiento.

8) Usar indebidamente el antídoto.

Si tu meditación es firme, si no aparece ningún obstáculo, ¡no apliques antídoto alguno! Aplicar innecesariamente el antídoto sería caer en la última de las faltas. El remedio es abstenerte de cualquier aplicación inútil. El gran yogui Saraha solía decir que una vez se ha estabilizado el objeto de meditación, el practicante debe relajar la concentración. Muchos malinterpretaron sus consejos y creyeron que dejar la mente a su libre albedrío, sin necesidad de aplicar ningún tipo de dinámica, era la mejor de las meditaciones. Sin embargo, para el correcto desarrollo de la permanencia apacible, son absolutamente imprescindibles la adecuada aplicación del esfuerzo y la intensidad. Saraha señalaba la necesidad de relajar el esfuerzo *una vez nos hemos liberado de la excitación y del hundimiento*, pero nunca antes. Si puedes meditar durante una sexta parte del día sin caer en la excitación ni en el hundimiento, será indicativo de que has logrado la verdadera experiencia del estado de generación burdo.

En la práctica del *Tantra de Chitamani Tara,* no es preciso generar claridad en la Mansión Celestial y en el mandala como exigen otros Tantras. La visualización se limita al cuerpo divino de la deidad en el marco de un hermoso paisaje, cuajado de lagos y jardines. Mientras generas claridad, intentas despertar a menudo el sentimiento de orgullo divino pensando: "soy Tara, he abandonado todos los objetos de abandono y alcanzado todos los logros". Una vez familiarizado con ese pensamiento, el orgullo divino aparecerá espontáneamente. El orgullo ordinario surge sobre la base de los cinco agregados ordinarios. Sentir orgullo divino solo puede empezar cuando transformas esa base, que eran tu yo y tus agregados, en el cuerpo divino de Tara. Cuando piensas en tus agregados ordinarios, incrementas tanto la apariencia como la concepción ordinarias. Cuando generas orgullo divino, en cambió, sustituyes la base de imputación del yo ordinario por la extraordinaria experiencia de haber llevado la muerte, el bardo y el renacimiento al sendero espiritual. Si la apariencia y la concepción ordinarias aparecen a lo largo de la práctica, será señal de que nuestra meditación ha sido poco profunda.

En una ocasión, Kuntang Jampelyang le preguntó a Longdol Lama Rimpoché, también conocido como Rato Rimpoché: "¿Cuál es el sentido de disolverlo todo en la vacuidad?" La respuesta fue: "Acumular sabiduría y poder superar la apariencia y concepción ordinarias". Este consejo nunca debe ser olvidado

Una vez tu cuerpo y tú mente se han imbuido de la meditación de llevar la muerte al sendero, la experiencia del gran gozo no dual aparecerá bajo el aspecto de Tara. Esta apariencia constituye la base de imputación para afirmar categóricamente "yo soy Tara" y generar orgullo divino en base a ella. La sabiduría del gran gozo no dual es la sustancia que adopta el aspecto de Tara. Sobre ella imputas "yo soy Tara". Si este concepto se pierde lo recuperas a través de la meditación analítica. Para incrementar esta sensación piensa que tu cuerpo es el *ser de compromiso* en el que se han disuelto los seres de sabiduría. El orgullo divino nos ayuda a superar la manera errónea en que concebimos las cosas, y a comprender que todos los fenómenos dependen de una base de imputación.

Al principio, la claridad y el orgullo divino deben trabajarse por separado, con la práctica se unificarán. Cuando puedas sostenerlos de manera simultánea durante una sexta parte del día habrás logrado la experiencia del estado de generación burdo. En tu meditación habrás detenido la apariencia y concepción ordinarias, lo cual no significa que las hayas abandonado por completo.

Una característica del Tantra es que sus prácticas conducen a "la unión de la profundidad y claridad". La claridad significa tener un dominio de la apariencia de la Deidad y su mandala; la profundidad es entender, además, que su naturaleza es vacua. El objetivo final es hacer estable la unión de la profundidad y la claridad de uno mismo bajo el aspecto de la Deidad.

Estado de generación sutil

Una vez adiestrados en el estado de generación burdo, abordamos la práctica del estado de generación sutil. Como objeto de meditación utilizaremos el Mandala del Cuerpo o la Gota Luminosa. En el estado de generación sutil enfatizamos la concentración en las Deidades del Mandala del Cuerpo. Cuando el practicante puede permanecer enfocado en ellas, sin hundimiento ni excitación, durante una sexta parte del día, significa que tiene estabilidad en el estado de generación sutil. Hay cuatro niveles de progreso en el practicante:

- Principiante.
- El que extrae cierto grado de sabiduría.
- El que goza de cierto dominio sobre la sabiduría.
- El que domina completamente la sabiduría.

El primero abarca desde el momento en que empiezas a practicar el estado de generación, hasta que puedes visualizar cada una de las partes del mandala y de la Deidad. El segundo, cuando visualizas los detalles con mayor claridad. El tercero, cuando empiezas a percibir con nitidez a las Deidades del Mandala del Cuerpo. El cuarto, cuando ejerces un total dominio del estado de generación burdo y sutil. Los puntos explicados aparecen en la sadhana en este apartado:

(Mi cuerpo de Deidad, como el arco iris, aparece, aunque no tiene una existencia inherente. Uno debe concentrar su mente en esta indivisibilidad entre la apariencia y la vacuidad, tanto tiempo como le sea posible. Es muy importante, este es precisamente el punto principal del estado de generación. Cuando uno no puede mantener por más tiempo esta concentración, empieza la recitación del mantra).

El Mantra

La recitación del mantra

Recitar el mantra crea las causas para que puedas hacer girar la Rueda del Dharma cuando llegues a la Iluminación; representa la característica de un Buda, que es capaz de beneficiar a los seres sin abandonar su estado de concentración. Tiene cuatro divisiones:

Vincular los puntos anteriores con el actual.
Objetos a observar durante la recitación.
Explicación de la recitación del mantra.
Medida de la recitación.

Vincular los puntos anteriores con el actual

Este enunciado se explica por si solo recordando una cita de la propia deidad Tara: "Cuando empiezas a estar cansado de meditar en el estado de generación burdo y sutil, puedes proceder a recitar el mantra".

Objetos a observar durante la recitación

Meditar en el Mandala del Cuerpo.
Objeto específico para contemplar.

Meditar en el Mandala del Cuerpo

Manera extensa.
Manera media.
Manera breve.

Manera extensa

Los *Tantras de Chitamani Tara* y de *Vajra Yoguini* son muy profundos porque en sus respectivos Mandalas del Cuerpo, el practicante transforma sus canales y gotas en Deidades.

Imagina los tres canales principales, uno en el centro (tib: *uma*) y dos laterales (tib: *roma y kyangma*). Están más cerca de la espalda que de la parte frontal del cuerpo. Su color puede variar según cada Tantra. El canal central presenta a lo largo de su recorrido los cinco *chakras,* que se sitúan en la coronilla, la garganta, el corazón, el ombligo y el lugar secreto. En cada uno de los chakras se producen varios enroscamientos de los canales laterales alrededor del central que bloquean el flujo de los aires en su interior.

El *chakra* o nudo más difícil de aflojar es el del corazón, con seis nudos producidos por el triple enroscamiento de cada uno de los canales laterales. Los chakras restantes sólo tienen dos nudos, provocados por un solo enroscamiento de cada canal lateral. El único modo de deshacer estos nudos a lo largo de nuestra vida es dominando las prácticas conectadas al estado de consumación. Solo cuando los aires y las gotas fluyan libremente por el interior del canal central, asistiremos al despertar de la mente del gran gozo simultáneo. Ciertamente, los nudos se aflojan de manera natural en el momento de la muerte, pero esto es algo que los seres ordinarios poco podemos aprovechar.

En la práctica del Mandala del Cuerpo se visualizan los chakras repletos de Taras.

Del chakra (o rueda) de la coronilla salen treinta y dos radios, que son el número de canales que se conectan al central en este punto. En el centro del chakra hay una sílaba *tam* blanca que se transforma en una Tara blanca. A su alrededor imaginamos otras treinta y dos Taras blancas mirando hacia la Tara central, situadas justo en el nacimiento de cada uno de los treinta y dos canales que desde allí se ramifican hacia diferentes lugares del cuerpo. Las deidades que visualizas representan tus propios elementos, canales y gotas. Genera claridad y orgullo divino observando esta asamblea de Taras.

Del chakra-rueda de la garganta salen dieciséis radios. La sílaba *tam* roja en su centro y los dieciséis canales se transforman en Taras rojas, una en el medio y el resto a su alrededor.

Del chakra-rueda del corazón salen ocho radios. La sílaba *tam* azul en su centro y los ocho canales se transforman en Taras azules, una en el medio y el resto a su alrededor.

Del chakra-rueda del ombligo salen sesenta y cuatro radios. La sílaba tam amarilla en su centro y los sesenta y cuatro canales se transforman en Tara, una en el medio y el resto a su alrededor.

Del chakra-rueda del lugar secreto salen treinta y dos radios. La sílaba *tam* verde en su centro y los treinta y dos canales se transforman Taras verdes, una en el medio y el resto a su alrededor.

Cuando recitas el mantra imagina que toda la asamblea de Taras lo recita contigo y que su sonido reverbera en el interior de tu cuerpo.

Las ciento cincuenta y siete Taras simbolizan las Dakinis de los tres lugares. La asamblea de Deidades del chakra del corazón, representa a las Dakinis del espacio. La asamblea de Deidades del chakra de la garganta y el lugar secreto representa a las Dakinis de la tierra. La asamblea de Deidades en el chakra del ombligo y coronilla representa a las Dakinis del subsuelo. Generar orgullo divino pensando que la asamblea de Taras es la manifestación de todas las Dakinis y que tienen la misma naturaleza que tus canales y elementos, invoca las bendiciones de las Dakinis de los tres lugares. Puesto que todas ellas se visualizan en el nacimiento de los canales, te ayudan a reunir los aires dentro del canal central, objetivo último de meditar en el Mandala del Cuerpo.

Manera media

Si te resulta difícil meditar en el Mandala del Cuerpo extenso, cuya visualización es bastante compleja, puedes seguir los consejos de Thagpu Matisara, y meditar en el Mandala de quince Deidades. Imaginas el mismo número de radios en los chakras, sin embargo, solo visualizas tres Taras del color correspondiente en cada uno de ellos, concibiéndolas como la esencia del cuerpo, palabra y mente de un Buda y de idéntica naturaleza que los canales aires y gotas.

Manera breve

Imagina en cada chakra una única Tara, representando a cada una de las cinco Familias de Buda.

Objeto específico para contemplar

Visualizar la guirnalda del mantra en el corazón.
Llevar a cabo los objetivos propios y ajenos.
Beneficiar a los demás según el Mandala de la Victoria Suprema.

Visualizar la guirnalda del mantra en el corazón

En el chakra del corazón, hay una Tara azul rodeada de ocho Taras. En el corazón de la Tara principal visualiza el mandala de cristal, en cuyo centro se encuentra la sílaba *hum* azul, adornada con la sílaba *tam* verde. Frente a la *hum* y bordeándola en dirección horaria, imagina la guirnalda formada por las sílabas del mantra. Todas las sílabas son de un color verde esmeralda radiante, y cada una de ellas reverbera con su propio sonido.

Llevar a cabo los objetivos propios y los ajenos

Para ver cumplidos los objetivos propios, imagina una

profusión de rayos de luz de cinco colores emitidos por las ciento cincuenta y siete Deidades del Mandala del Cuerpo, y el mantra en el corazón de la Deidad central de cada chakra. La luz es tan brillante como la que irradiarían un millón de soles, y alcanza todas las direcciones. Algunos de estos rayos transportan ofrecimientos para los Budas y Bodhisatvas, otros solo tocan sus corazones invocando su gracia y su energía. Recibes las bendiciones de su cuerpo, palabra y mente bajo una lluvia de Taras, guirnaldas del mantra, sílabas *tam,* adornos preciosos y flores úpala. La profusión de objetos sagrados se funde en ti como si fueran copos de nieve, y quedas colmado de bendiciones.

Para beneficiar a los demás, imaginas rayos de luz y néctar que salen hacia las diez direcciones, purificando todo lo negativo que hay en los seres, sus emociones aflictivas y engaños, y los transforman en Tara. Puedes imaginar también infinitos rayos de luz, en cuyos extremos una réplica de Tara toca la cabeza de cada ser consciente con los dedos de su mano derecha y los llena de néctar. Todos ellos se postran ante la Diosa, de donde vuelve brotar néctar que les muestra el sendero a la Iluminación, les concede la Iniciación, emite innumerables réplicas que se disuelven en cada uno de ellos y, finalmente, les ayuda a recorrer el sendero a la Iluminación.

Beneficiar a los demás según el Mandala de la Suprema Victoria

Suprema Victoria se refiere al Mandala de las Cinco Familias de Buda. Con una profunda mente de bodhichita, imagina que de la Tara azul en tu corazón surgen innumerables réplicas del mismo color, salen a través de tu orificio nasal derecho y se esparce por todas las direcciones, llevando a cabo las siguientes actividades:

- Destruyen el odio en todos los seres.
- Dan enseñanzas y conceden la Iniciación.

- Todos los seres obtienen el Dharmakaya, unido a la sabiduría del Dharmadatu.
- Todos los seres obtienen el Cuerpo de Deleite de Buda Akshobya.
- Todos los seres obtienen el Cuerpo de Emanación de Tara.

Imagina que recitas el mantra junto con todos los seres. Después, las Taras se reabsorben a través de tu orificio nasal izquierdo en la Tara central azul de tu corazón.

Para el resto de los chakras, la manera de emanar y absorber las réplicas de Tara es idéntica.

De Tara blanca en el centro del chakra de la coronilla y de las treinta y dos deidades que la rodean surgen innumerables réplicas hacia todas las direcciones, llevando a cabo las siguientes actividades:

- Destruyen la ignorancia de todos los seres.
- Dan enseñanzas y conceden la Iniciación.
- Todos los seres obtienen el Dharmakaya y la sabiduría del espejo.
- Todos los seres obtienen el Cuerpo de Deleite de Buda Vairochana.
- Todos los seres obtienen el Cuerpo de Emanación de Tara.

De la Tara amarilla en el centro del chakra del ombligo y de las sesenta y cinco que la rodean surgen réplicas hacia todas las direcciones, que llevan a cabo las siguientes actividades:

- Destruyen la avaricia de todos los seres.
- Dan enseñanzas y conceden la Iniciación.
- Todos los seres obtienen el Dharmakaya con la sabiduría de la igualdad.
- Todos los seres obtienen el Cuerpo de Deleite de Buda Ratnasambhava.

- Todos los seres obtienen el Cuerpo de Emanación de Tara.

De Tara roja en el centro del chakra de la garganta y de su asamblea surgen innumerables réplicas que llevan a cabo las siguientes actividades:

- Destruyen el apego de todos los seres.
- Dan enseñanzas y conceden la Iniciación.
- Todos los seres obtienen el Dharmakaya y la sabiduría del análisis individual.
- Todos los seres obtienen el Cuerpo de Deleite de Amitabha.
- Todos los seres obtienen el Cuerpo de Emanación de Tara.

Desde la Tara verde del lugar secreto y de su asamblea surgen incontables réplicas que llevan a cabo las siguientes actividades:

- Destruyen la envidia y celos de todos los seres.
- Dan enseñanzas y conceden la Iniciación.
- Todos los seres obtienen el Dharmakaya con la sabiduría que lo realiza todo.
- Todos los seres obtienen el Cuerpo de Deleite de Amogasidhi.
- Todos los seres obtienen el Cuerpo de Emanación de Tara.

Meditación en el Mandala del Cuerpo

Aparezco como la Deidad. En la coronilla de mi cuerpo de luz clara, se encuentra el chakra del gran gozo con treinta y dos pétalos o canales. En el centro hay una sílaba TAM blanca, que se convierte en la Divina Madre, de color blanco, rodeada por treinta y dos Taras similares a ella.

En mi garganta se encuentra el chakra del gozo, que tiene dieciseis pétalos. En el centro hay una Tam roja, que se convierte en una Tara de color rojo, rodeada por dieciséis Taras similares a ella.

En mi corazón, el chakra del Dharma, con ocho pétalos. En su centro hay una TAM azul, que se convierte en la Divina Madre de color azul, rodeada por ocho similares a ella.

En mi ombligo, el chakra de emanación, con sesenta y cuatro pétalos. En sul centro hay una TAM amarilla que se convierte en la Divina Madre de color amarillo, rodeada por sesenta y cuatro Taras similares a ella.

En mi lugar secreto, el chakra que guarda el gozo, con treinta y dos pétalos. En su centro hay una TAM verde, que se transforma en la Divina Madre, de color verde, rodeada por treinta y dos similares a ella.

(Fija esta meditación en tu mente con claridad)

En el Chakra del Dharma en mi pecho, en el corazón de la Tara azul, hay un disco lunar, como un mandala de cristal vuelto hacia abajo. En su centro hay una sílaba TAM marcada con HUM. Bordeando el disco lunar se encuentran las diez sílabas del mantra, empiezan frente a la HUM y siguen hacia la izquierda. (Medita en ello)

Desde las Deidades en los cinco chakras y desde el propio mantra, mando rayos de luz hacia todos los Budas y Bodhisatvas que habitan las diez direcciones, invocando así a los Conquistadores y a sus hijos. Estos vienen y se absorben en mí como una intensa lluvia, bendiciendo mi continuo mental.

De nuevo irradio rayos de luz que tocan a todos los seres conscientes, purificando todas sus faltas. Estos se convierten en Tara y se absorben en mí.

Desde la Tara en mi corazón, emano incontables réplicas que salen con mi exhalación a través del orificio nasal derecho. Purifican el odio de todos los seres conscientes, estableciéndoles en la sabiduría trascendental del Dharmadhatu. Todos adoptan el estado de Akshobya, toman la forma de Tara de color azul y recitan el mantra conmigo. Las Deidades emanadas regresan a través de mi orificio nasal izquierdo y se reabsorben en la Tara azul en mi corazón.

Desde Tara en mi coronilla emano incontables réplicas que purifican la ignorancia de todos los seres conscientes, estableciéndoles en la sabiduría trascendental que es como un espejo. Todos adoptan el estado de Vairochana, toman la forma de Tara de color blanco y recitan el mantra conmigo. Las Deidades emanadas regresan y se reabsorben en la Tara blanca de mi coronilla.

Desde Tara en mi ombligo emano incontables réplicas, que purifican la codicia de todos los seres conscientes, estableciéndoles en la sabiduría trascendental de la ecuanimidad. Todos adoptan el estado de Ratnasambhava, toman la forma de Tara de color amarillo y recitan el mantra conmigo. Las Deidades emanadas regresan y se reabsorben en la Tara amarilla de mi ombligo.

Desde Tara en mi garganta emano incontables réplicas, que purifican el deseo de todos los seres conscientes, estableciéndoles en la sabiduría trascendental discriminativa. Todos adoptan el estado de Amitabha, toman la forma de Tara de color rojo y recitan el mantra conmigo. Las Deidades emanadas regresan y se reabsorben en la Tara roja de mi garganta.

Desde Tara en mi lugar secreto emano incontables réplicas, que purifican la envidia de todos los seres conscientes, estableciéndoles en la sabiduría trascendental que realiza todas las acciones. Estos alcanzan el estado de Amogasidhi, aparecen en la forma de Tara de color verde y recitan el mantra conmigo.

Las Deidades emanadas regresan y se reabsorben en la Tara verde de mi lugar secreto.

Recitación del mantra

Ahora, todas las Deidades transformadas en Taras que son, en esencia, los Budas de las cinco familias, recitan conmigo el mantra:

OM TARE TUTTARE TURE SOHA

(Recítalo tantas veces como puedas. Si haces un retiro con signos, debes permanecer aislado hasta que aparezcan señales especiales. Si tu retiro es de Aproximación, contarás mantras hasta llegar a un millón. También puedes permanecer retirado estableciendo un tiempo fijo de seis meses).

OM PADMASATTVA SAMAYA MANUPALAYA, PADMA SATTVA TENO PATITHA, DRIDHO ME BHAVA, SUTO KAYO ME BHAVA, SUPO KAYO ME BHAVA, ANURAKTO ME BHAVA, SARWA SIDHI ME PRAYATSA, SARWA KARMA SUTSA ME CHITAM SHRIYA KURU HUM HA HA HA HA HO, BHAGAWAN, SARWA TATHAGATA PADMA MA ME MUNTSA, PADMA BHAWA, MAHA SAMAYA SATTVA AH HUM PHE.

Explicación de la recitación del mantra

Significado del mantra.
La manera de recitar el mantra.
Diferentes maneras de recitar el mantra.

Significado del mantra

La sílaba *om* está formada por la letras *a*, *o* y *ma*, las sílabas semillas del cuerpo, palabra y mente vajra. *Om* representa la gema que concede todos los deseos; *Tare* es el nombre de la Deidad y nos recuerda las prácticas del nivel inicial del *Lam Rim*. *Tuttare,* es la diosa que libera de toda pobreza y alude al nivel medio de la práctica del *Lam Rim; Ture*, la veloz, hace referencia al nivel superior del *Lam Rim*. De manera resumida viene a decir: *Om, la Madre que libera rápidamente de la pobreza,* al añadir *Soha* le ruegas, *concédeme la felicidad.* Al recitar el mantra, en realidad estás invocando y suplicando a Tara: *Tara libérame de los temores de los reinos inferiores, del samsara y de la paz del Nirvana.*

La manera de recitar el mantra

Las cualidades del rosario (mala).
Cómo recitar.

Las cualidades del rosario

Para recitar mantras de una Deidad conectada con la actividad de pacificar, se suele usar un rosario de cristal; para recitar mantras de una Deidad vinculada con la actividad de aumentar, se usa un rosario de semillas de árbol bodhi, también puede ser de plata, de oro, o tener siete gemas preciosas entre sus cuentas; para recitar mantras de una Deidad vinculada con la actividad de controlar, debería ser de coral; por último, si se trata de una Deidad iracunda, lo adecuado es utilizar un rosario hecho de cráneo humano o de madera *raksha*.

Según la tradición Guelupa, un monje debería usar un rosario hecho de madera de sándalo, o de color ambarino.

Cómo recitar

Empezamos la recitación formal del mantra contando las semillas del rosario con el pulgar y el índice de la mano izquierda, pues es auspicioso para invocar las bendiciones de la Deidad, acumular mérito y llevar a cabo la actividad de pacificar. Aunque, si se desea enfatizar la actividad de aumentar, el rosario se deslizará apoyado en el dedo corazón. Si tu práctica es controlar, lo apoyarás en el anular, y en el caso de recitar mantras iracundos, el mala se deslizará sobre el dedo meñique. Se empieza a recitar de la manera elegida pero, al cabo de un rato, la recitación prosigue del modo que a uno le resulte más cómodo.

El rosario debe haber sido consagrado y mantenerse limpio. Si se cae al suelo o alguien lo toca, se bendice nuevamente. Durante la recitación deben evitarse las diez faltas:

1. Recitar demasiado rápido, omitiendo sílabas.
2. Recitar demasiado lento.
3. Recitar en voz muy alta.
4. Recitar en voz muy baja.
5. Recitar con una mente adormilada.
6. Recitar con una mente distraída.
7. Recitar suspirando.
8. Recitar con hipo.
9. Recitar tosiendo.
10. Interrumpir la recitación para hablar con otros.

Diferentes maneras de recitar el mantra

Recitar el mantra de Tara con buena motivación nos ayuda incluso a tener éxito en cosas mundanas. Los dos tipos de recitación que se explican en el Tantra de Chitamani son: *la recitación de la lámpara y la recitación del compromiso.*

La recitación de la lámpara. Lalita, renombrado yogui y gran experto en el *Tantra de Yamantaka*, aconsejaba llevar a cabo este tipo de recitación para recibir *sidhis* rápidamente: mientras recitas, visualizas en tu corazón un disco lunar con la sílaba *tam* en su centro rodeada de las letras del mantra, imaginando que centellean como luces de neón.

La recitación del compromiso. Esta recitación te permite recibir beneficios a ti y a los demás. Primero, imagina que del mantra salen rayos de luz y néctar que disipan la oscuridad de tu mente, como cuando enciendes la luz en una habitación oscura: se eliminan todos los obstáculos, karmas negativos y emociones engañosas. Después, nuevos rayos de luz brotan del mantra en todas las direcciones llevando en sus extremos diosas que ofrendan el gozo no dual a todos los Budas y Bodhisatvas. Por último, las luces se reabsorben en tu corazón y te colman de bendiciones.

Para beneficiar a los demás imaginas que de todos los poros de tu piel salen infinitos rayos de luz que tocan a los seres de los seis reinos, eliminan su dolor, sus engaños y los transforman en Tara.

Con el fin de purificar las incorrecciones en la pronunciación, los errores en el ritual y la falta de concentración, el recuento de mantras concluye con la recitación del mantra de cien sílabas de Vajrasatva. La visualización para este mantra es la siguiente: imagina a Buda Vajrasatva en tu coronilla; de su cuerpo emana néctar que llena el tuyo, mientras piensas que tus emociones aflictivas y, de manera especial, todas las faltas cometidas durante la recitación, son eliminadas.

Medida de la recitación

Para que un retiro pueda ser considerado una aproximación, hace falta contar un número determinado de mantras. Pero, antes de dar por finalizado el retiro se añaden los mantras de *yeshe penga*, o "mantras que invocan la sabiduría". Debemos sumar el diez por ciento del total de mantras contados durante el retiro. En el tantra de Tara, la recitación de *yeshe penga* es la siguiente: *om tare tuttare ture soha hum ha andzi;* o también *om tare tuttare ture hum ha andzi soha*. Mientras recitas, imaginas rayos de luz de color rojo en forma de gancho que salen de tu cuerpo en todas las direcciones capturando las bendiciones del cuerpo, palabra y mente de todos los Budas y Bodhisatvas. Caen sobre ti como una lluvia de Taras, sílabas del mantra y sílabas semilla *tam*. Se disuelven en tu cuerpo igual que la lluvia se mezcla con el océano, o la nieve se derrite sobre una piedra caliente.

Una vez finalizado el retiro, clausuras todo el proceso llevando a cabo el ritual de la *puja de fuego*. Existen diversos tipos de retiro de Aproximación (recuérdese, acercarse a la Deidad para recibir bendiciones):

- *Aproximación de signos* (tib: *semynyenpa*). Se recitan mantras hasta recibir signos o señales de la deidad: ver a Tara directamente, o verla repetidas veces en sueños.
- *Aproximación de tiempo* (tib: *tugynyenpa*). Recitamos mantras durante un tiempo establecido por nosotros mismos.
- *Aproximación facultativa* (tib: *lerunnyenpa*). El mantra se recita cien mil o cuatrocientas mil veces, después de haber llevado a cabo unos preliminares especiales. Se acaba con la puya de fuego para pacificar.
- *El gran retiro básico* (tib: *chi nyenchen*). Aquí el número de mantras recitados va de uno a diez millones.

Cómo terminar la práctica al final de cada sesión

Absorber la Deidad, los seres, el medio ambiente y
el Mandala del Cuerpo.
Meditar en la gota luminosa.
Ofrecer la *torma*.

Absorber la Deidad, los seres, el medio ambiente y el Mandala del Cuerpo

Durante el estado de consumación, los aires que fluyen por los canales laterales se disolverán en el canal central y experimentarás los cuatro deleites y los cuatro vacíos:

Los cuatro deleites son: *el gozo, el gozo supremo, el gozo extraordinario y el gozo simultáneo.*

Los cuatro vacíos son: *vacío, muy vacío, gran vacío y todo vacío*. En el momento presente, sin embargo, todavía no estás capacitado para vivir directamente estas ocho experiencias. Por ello, para sembrar semillas similares a estas, vas a imaginar que las Deidades visualizadas en los chakras se disuelven gradualmente en tu corazón.

De la guirnalda de mantras en tu corazón surge luz que abraza todo el universo y a los seres que lo habitan, transformándolos en la Tierra Pura y en diosas Tara respectivamente. A continuación, la Tierra Pura se disuelve en las Taras y, estas, en tu propio cuerpo de deidad. Las treinta y dos Taras del chakra de tu coronilla se disuelven en la Tara central. Las dieciséis Taras rojas de la garganta se disuelven también la Tara roja del centro. Las ocho Taras azules del corazón se disuelven en la Tara central azul. Las sesenta y cuatro Taras amarillas del ombligo se absorben en la Tara amarilla central. Las treinta y dos Taras verdes del lugar secreto se absorben en la Tara principal de color verde situada en el centro del chakra.

Seguidamente, la Tara verde del lugar secreto asciende y se disuelve en la Tara amarilla del ombligo y, ésta, se disuelve en la Tara azul del corazón. La Tara blanca de la coronilla desciende y se disuelve en la Tara roja y, ésta, en la Tara azul. Tu cuerpo de Tara, se disuelve también en la Tara azul de tu corazón, que se disuelve en la guirnalda del mantra en *su* corazón. El mantra se disuelve en *tam,* que se disuelve en la gota, la gota se disuelve en la *hum*. El *shabjyu* se disuelve en la *ham* (el cuerpo de *hum*), la *ham* se disuelve en su propia cabeza, la cabeza en la media luna, la media luna en gota, la gota en el *nada*. Después, aparece la Luz Clara. Desde el estado de Luz Clara te manifiestas de nuevo como Tara para implicarte en el yoga de las actividades.

Meditar en la gota luminosa

Se denomina "la gota luminosa" porque es pequeña y brillante. La situamos en la punta de la nariz para liberarnos del hundimiento mental y, puesto que se trata de un objeto sutil, nos libera también de la excitación. Según la propia Tara nos revela, esta instrucción tan especial que no se encuentra en otros Tantras.

Para recuperar la concentración se medita en la gota luminosa en la punta de la nariz. Se visualiza un vajra diminuto en cuyo centro hay un disco lunar sobre el que se sienta una Tara verde, luminosa y diminuta, como una semilla de sésamo. En su corazón, guarda la *tam* y las letras del mantra. Al principio, la gota se puede imaginar grande pero, a medida que te vayas familiarizado con la visualización, su tamaño disminuye.

Permanecer concentrado en la Tara diminuta situada en la punta de la nariz durante cuatro horas, indicaría tu dominio del estado de generación sutil. Una vez dominados los dos niveles del estado de generación, puedes empezar a plantearte una práctica intensa del estado de consumación.

Esta sección aparece en la sadhana con estas palabras:

Absorción

Yo, siendo la Deidad, irradio luz desde mi corazón que llega a todos los lugares y a todos los seres. Todo lo que me rodea se convierte en el mandala, y todos los seres se convierten en la Deidad especial.

Todos los lugares se disuelven en luz y se absorben en los seres bajo la forma de Tara. Estos también se disuelven en luz y se absorben en mí. Las Deidades de mis cinco chakras se absorben en la Deidad principal en mi corazón.

Mi cuerpo se deshace en luz desde arriba y desde abajo, fundiéndose también en la Deidad de mi corazón. La Deidad se disuelve en luz y se absorbe en el mantra. El mantra se absorbe en la Tam, esta se absorbe en la HU, la U de la HUM se ab-

sorbe en la HA, la HA en su cabeza, ésta en la luna creciente, ésta en la gota y esta última en la llama. La llama se hace más y más pequeña hasta que desaparece. (Concéntrate en la vacuidad)

Desde la vacuidad aparezco como la Venerable Madre. En mi coronilla hay una sílaba OM, en mi garganta una AH y en mi corazón una HUM.

(Debes llevar a cabo esta práctica con devoción, viéndote a ti mismo como la Deidad. También, en los periodos entre sesiones, debes practicar el yoga de las tres atenciones: ver a todos los seres como Tara, reconocer todos los sonidos como el sonido del mantra, y reconocer todas las emociones aflictivas engañosas como el Dharmakaya. También debes practicar los yogas del dormir, despertar, comer y vestir tal y como se explica en el comentario).

Versos de buenos auspicios

¡Que el vasto imperio y la faz de la tierra se llenen de nubes de nobles diosas que conceden bendiciones en forma de lluvia de flores, y que los océanos de buenos auspicios inunden los tres mundos!

¡Veloz protectora de los Conquistadores de los tres tiempos! Que gracias a experimentar las enseñanzas del Buda, del Maestro Raíz y de los Maestros del Linaje, de las Deidades y los de todos los Iluminados, reine la buena fortuna y todo sea auspicioso!

Que gracias a los cuatro niveles de Tantra, corazón de los ochenta y cuatro mil Dharmas, al secreto final y a la práctica de los dos estados del Yoga de Tara, y merced a la enseñanza escrita y la de la experiencia, reine la buena fortuna y todo sea auspicioso.

Que reine la buena fortuna para el Señor de incontables héroes y heroínas residentes en la maravillosa Tierra, para la Santa Asamblea, entre la Sangha, y para los que meramente sostienen un cargo elevado, y que todo les sea auspicioso.

En resumen, ¡Oh Madre! gran tesoro de compasión de todos los Budas, haz que pronto podamos ver el rostro del señor de la danza, regocijarnos en el néctar de tu palabra y estar siempre bajo tu cuidado y protección.

¡Que reine la buena fortuna y todo sea auspicioso!

(Mientras pronuncias estas palabras, piensa que el universo se cubre de flores en todas las direcciones).

Ofrecer torma

El objetivo primordial de ofrecer la torma es acumular méritos. Según la tradición, las tormas son figuras cónicas hechas con harina o mazapán. En el tantra de Tara se colocan una en el centro y veintiuna alrededor. Si te resulta imposible confeccionar las tormas tradicionales, puedes usar un paquete de galletas. Intenta, eso si, colocar un paquete más grande en el centro, y rodearlo de veintiuna galletas. Antes de ofrecer las tormas debes bendecirlas siguiendo las cuatro etapas: 1) Limpiar, 2) Purificar, 3) Generar, 4) Bendecir.

Limpiar

Recita *om vajra amrita kuntali hana hana hum phet*, e imagina innumerables diosas Kuntali que salen de tu corazón y ahuyentan a todas las fuerzas locales y espíritus que puedan obstaculizar el ofrecimiento de la torma.

Purificar

Recita el mantra *om sobhava shudo sarwa dharma sobhawa shudho ham*, y medita en la ausencia de autoexistencia. De este modo purificas la apariencia y concepción ordinarias con que ves el ofrecimiento.

Generar

Desde el espacio de la vacuidad aparece una sílaba *yam* de color azul que se transforma en un mandala de aire semicircular, también azul. Encima de él, aparece una sílaba *ram* roja que se transforma en un mandala de fuego triangular adornado con *om ah hum*. Las tres sílabas se transforman en tres cabezas humanas. Encima de ellas aparece una *ah* blanca que se transforma en un gran recipiente, blanco por dentro y rojo por fuera. En su interior aparecen las cinco carnes y los cinco néctares (tal y como se ha explicado previamente).

Bendecir

Encima del recipiente aparecen, superpuestas, las sílabas *om ah* y *hum*. La *hum* se disuelve en el interior y el tono anaranjado de las sustancia se transforma en el color del mercurio, su mal olor y sabor son abolidos. La *ah* cae en el recipiente y transforma las sustancias en un néctar dotado con estas tres cualidades: cura enfermedades, proporciona la inmortalidad y confiere sabiduría. Por último, cae la *om* y la torma se vuelve inextinguible. Recitamos *om ah hum* tres veces.

De tu corazón salen rayos de luz que invitan a Tara, ella viene a nosotros rodeada de las veintiuna Taras, una asamblea de Bodhisatvas, Dakas, Dakinis y Protectores. La lengua de cada Deidad se convierte en un vajra de tres puntas del que sale un rayo de luz con el que ingieren la torma, al degustarla experimentan el gozo no dual —une tus manos a la altura del pecho como símbolo del recipiente que contiene la torma—. La Asamblea se siente deleitada y sus cuerpos emiten luz en todas las direcciones que representa las cinco actividades iluminadas: luz blanca para pacificar, amarilla para aumentar, roja para controlar, azul para la acción iracunda, verde para la actividad. Finalmente llevas a cabo los ofrecimientos externos e internos. El ritual de la sadhana reza así:

Ofrecimiento de la torma (opcional)

OM VAJRA AMRITA KUNTALI HANA HANA HUM PHE

OM SOBHAVA SHUDA SARWA DHARMA SOBAWA SHUDO HAM

Todo se vuelve vacuidad. Desde la vacuidad aparece una sílaba YAM que se convierte en aire. Una RAM, que se convierte en fuego, y una AH que se convierte en un kapala de sabiduría trascendental muy grande y espacioso. Dentro del kapala se encuentran las cinco carnes y los cinco néctares. Estas sustancias se derriten convirtiéndose en un gan océano de néctar de sabiduría trascendental.

OM AH HUM (X3)

Desde la sílaba semilla en mi corazón emano rayos de luz que invocan a la Divina Madre, ella viene rodeada por una asamblea de Budas y Bodhisattvas. Desde sus lenguas vajra salen tubos de luz que llegan hasta la torma absorbiendo su esencia.

OM ARYA TARE SAPARIWARE IDAM BALINGKTA KA KA KAI KAI (X3)

Ofrecimiento externo
OM ARYA TARE SAPARIWARE ARHGAM PRATITZA HUM SOHA (agua para beber)
OM ARYA TARE SAPARIWARE PADYAM PRATITZA HUM SOHA (agua para los pies)
OM ARYA TARE SAPARIWARE VAJRA PHUPE PRATITZA HUM SOHA (flores)

OM ARYA TARE SAPARIWARE VAJRA DUPE PRATITZA HUM SOHA (incienso)
OM ARYA TARE SAPARIWARE VAJRA AHLOKE PRATITZA HUM SOHA (luz)
OM ARYA TARE SAPARIWARE VAJRA GUENDE PRATITZA HUM SOHA (perfume)
OM ARYA TARE SAPARIWARE VAJRA NIUDE PRATITZA HUM SOHA (comida)
OM ARYA TARE SAPARIWARE VAJRA SHAPTA AH HUM (música)

Ofrecimiento interno

OM ARYA TARE SAPARIWARE OM AH HUM

De tu corazón salen innumerables diosas de la alabanza cantando bellas oraciones. La sadhana dice así:

Súplica

¡Oh Venerable y compasiva Dama! haz que yo y todos los infinitos seres podamos purificar los dos tipos de oscurecimientos y completar pronto las dos acumulaciones para alcanzar la Iluminación perfecta.

Hasta que alcance esta meta, haz que en todas mis vidas halle la mayor felicidad divina y humana, y pueda de este modo realizar la omnisciencia. Para ello, por favor, pacifica rápidamente todos los obstáculos. Todos los malos espíritus, las diversas causas de muerte prematura, plagas y enfermedades, malos sueños, malos augurios y cualquier tipo de peligro, como los ocho temores.

Haz que se desarrollen todas las cualidades virtuosas, que la bondad y la perfección se incrementen, y así podamos alcanzar todas las metas sin dificultad.

Haz que pueda esforzarme en obtener realizaciones, incre-

mentar el santo Dharma, hacer siempre tu práctica y llegar a ver tu rostro sublime. Haz que mi comprensión de la vacuidad y la preciosa mente de la Iluminación aumenten como la luna creciente.

Haz que pueda nacer en el noble y gozoso mandala de los Conquistadores, sobre un loto de incomparable belleza, y realizar allí la profecía recibida en presencia del victorioso Amitabha.

Que por la fuerza de mis ofrecimientos y súplicas a Tí, se eliminen todas las enfermedades, pobreza, guerras y conflictos en todos los lugares donde los demás y yo habitamos.

Haz que se incremente el Dharma y todo sea auspicioso.

Cuando llegas a este punto, puedes recitar las oraciones especiales compuestas por el Primer Dalai Lama y por Thagpu Dordge Chang. Es muy auspicioso recibir la transmisión oral de estas preciosas oraciones.

Terminas la sadhana recitando, al menos una vez, el mantra de cien sílabas. Para ello, visualizas que de él fluye néctar que llena tu cuerpo purificando todos los karmas negativos, especialmente los errores cometidos al hacer el ofrecimiento de la torma. Seguidamente, unes tus manos en el mudra de la oración y pides perdón por no saber lo suficiente, por tu falta de capacidad de concentración, o por tus sentimientos de avaricia al ofrecer. Imagina que todos los Budas emiten réplicas de si mismos que se disuelven en tu cuerpo, y regresan a sus lugares de origen. Si posees una imagen de Tara, imagina que todas las Taras visualizadas se disuelven en ella.

Si estás en un retiro de Aproximación, tienes que hacer cuatro sesiones y, necesariamente, el ofrecimiento de la torma en la última de ellas. Al final, recitas las oraciones de dedicación.

Mantra de Vajrasattva para purificar

OM PADMASATTVA SAMAYA MANUPALAYA, PADMA SATTVA TENO PATITHA, DRIDHO ME BHAVA, SUTO KAYA ME BHAVA, SUPO KAYO ME BHAVA, ANURAKTO ME BHAVA, SARWA SIDHI ME PRAYATSA, SARWA KARMA SUTSA ME CHITAM SHRIYA KURU HUM HA HA HA HA HO, BHAGAWAN, SARWA TATHAGATA PADMA MA ME MUNTSA, PADMA BHAWA, MAHA SAMAYA SATTVA AH HUM PHE.

Oración para pedir disculpas

Por cualquier parte del ritual que haya omitido, o en la que me haya equivocado debido a mi mente obtusa, o por haber llevado a otros a caer en el mismo error te pido que me perdones ¡Oh, Protectora!

Por favor, sé paciente también con lo que haya olvidado o añadido innecesariamente, con las partes de la práctica mal realizadas, y con todo lo que haya podido confundir.

¡Concédeme la realización suprema y los frutos de todos los samadhis! ¡Colma las necesidades de todos los seres conscientes y concédeles a todos el logro insuperable!

OM VAJRA MU

Los seres de sabiduría regresan a su lugar de residencia natural, y los seres simbólicos se absorben en mí.

La Actividad

La actividad

Durante el periodo posterior a la sadhana es necesario poner en práctica lo que experimentamos en meditación, ya que a lo largo del día pasamos muchas horas sin recordar siquiera la práctica, lo que supone un desperdicio del tiempo y el esfuerzo que le hemos dedicado.

El periodo post-meditación

El yoga de las actividades.
El yoga del baño.
El yoga del comer.
El yoga del dormir.
El yoga del despertar.

El yoga de las actividades

Según el Sutra, cuando salimos de nuestra sesión de meditación es importante:

- Dominar los poderes sensoriales.
- Limitar la cantidad de comida que ingerimos.
- No dormir demasiado.
- Dedicar tiempo a la contemplación.
- Dormir en la posición del león.

Según el Tantra, se añaden tres puntos más:

- Todo lo que ves tiene la naturaleza de Tara.

- Todo lo que escuchas es el sonido del mantra de Tara.
- Todo lo que piensas ocurre en la mente de Tara.

El medio ambiente se ha transformado en la Tierra Pura, y todos los seres en Tara: en todas tus apariencias coexisten la unión del gozo y la vacuidad, inseparables de tu propia mente.

Si te ejercitas así, preservas tus votos y transformas en positivas todas tus actividades del día.

El yoga del baño

Cuando te bañas, imaginas que el agua es un elixir puro que te conceden los seres santos. Los Budas de las cinco Familias junto a sus consortes aparecen ante ti en el espacio y, mientras recitan el mantra *om sarwa tataghata abhibhekataya samaya shriye ah hum,* vierten sobre tu cuerpo ese néctar maravilloso que elimina todas tus semillas negativas y emociones engañosas. Una gota rebosa de tu coronilla y se transforma en Amitabha.

El yoga de la comida

Bendices la comida como bendices el ofrecimiento interno, y la conviertes en néctar. Si no es posible una visualización tan larga, al menos recita *om ah hum* tres veces. En tu garganta, imagina a Vajradhara con su consorte, síntesis de todos los Maestros; en tu corazón, a Tara síntesis de todas las Deidades; en tu ombligo, a Mahakala con seis brazos, personificación de todos los Protectores del Dharma. Recita *Om Guru Buda Bodhisatva Dharmapala sapariware idam balinghkta ka ka kai kai.*

Aunque no puedas recitar el mantra, piensa que la comida que ingieres deleita a Vajradhara, a las Deidades y a los Protectores y también a las ciento cincuenta y siete Deidades del Mandala del Cuerpo, que experimentan el gozo no dual. A través de este proceso acumulas una gran cantidad de mérito.

El yoga del dormir

Imagina que tu dormitorio es la Tierra Pura, tu cama se transforma en un loto con un disco lunar en su centro. Te acuestas bajo el aspecto de la deidad, aunque sin adornos. Tara, inseparable de tu Maestro, te acoge en su regazo y te duermes bajo su cuidado en la posición del león. Reza para poder reconocer la Luz Clara del sueño en la actividad onírica: así podrás hacer lo propio con la Luz Clara de la muerte y el bardo cuando llegue la hora.

Todo lo que te rodea se absorbe en tu cuerpo, que se disuelve hasta llegar al estado de la Luz Clara en el que te duermes. Así transformas el dormir en el Cuerpo de Verdad.

Desde este estado saltas a la actividad onírica, como un pez salta sobre el agua. De este modo transformas el cuerpo del sueño en el Cuerpo de Deleite. Al despertar, imaginas que tu cuerpo es el verdadero Cuerpo de Emanación de Tara. Aunque dormir es una actividad neutra en si misma, con estos pensamientos se transforma en práctica de dharma.

El yoga de despertar

Cuando despiertas, las cinco consortes de los Budas aparecen en el espacio ante ti cantando hermosas canciones y tocando el damaru. Sus voces recitando el mantra de Tara te sacan del sueño y luego se absorben en tu cuerpo.

El Estado de Consumación

El estado de consumación, la causa que libera el continuo mental

El estado de consumación debe ser practicado *sólo* tras obtener cierta estabilidad en el estado de generación burdo y sutil. Según la antigua tradición budista tántrica, en primer lugar, el Maestro impartía la Iniciación de la Vasija, que facultaba al discípulo para practicar el estado de generación. Después de meses de práctica intensa, le transmitía las tres Iniciaciones restantes, y así quedaba autorizado para practicar el estado de consumación.

Sin embargo, en el Tíbet, el Tantra se presentó de manera diferente: se otorgaban las cuatro Iniciaciones a la vez. Aun así, no es aconsejable pretender entrar en el estado de consumación sin un cierto dominio y estabilidad del estado de generación. Esto sólo se consigue tras muchas Aproximaciones. La definición del estado de consumación es "Grado de práctica que surge cuando los aires entran, se disuelven y permanecen en el canal central".

Dominar el estado de consumación nos permite alcanzar la Iluminación en esta vida. En el peor de los casos, tendríamos visiones de Tara, directas o a través de sueños, en las que nos otorgaría enseñanzas y recibiríamos su protección en el bardo, desde donde nos llevaría a su Tierra Pura. Invocar a Tara no tan sólo protege al practicante, sino también a quienes le rodean.

En este comentario, el Ven. Maestro Geshe Tamding, explicó el estado de consumación con el deseo de que resultara beneficioso no sólo a los practicantes actuales de este Tantra, sino a las futuras generaciones. Lo presentó en dos partes:

El estado de consumación como instrucción especial para obtener el logro supremo en esta vida.

El método para aprender el estado de consumación.

El estado de consumación como instrucción especial para obtener el logro supremo en esta vida

Con la práctica del estado de generación se obtienen *sidhis* comunes, pero no es posible conseguir el *sidhi* extraordinario de la Budeidad. Practicar el estado de consumación como es debido es garantía de alcanzar la Iluminación en esta vida.

Como se ha mencionado anteriormente, los practicantes del pasado se adiestraban en el estado de generación hasta conseguir una realización perfecta, y sólo después entraban en el estado de consumación. Sin embargo, Marpa estableció en su sadhana un nuevo hábito: tras haber trabajado principalmente con el estado de generación, concluía con una breve práctica del estado de consumación. Pensaba que, puesto que el practicante podía morir sin haber realizado ni tan siquiera el estado de generación, para sembrar semillas kármicas de todas las etapas del camino tántrico, era bueno integrar en la sadhana algún elemento del estado de consumación. Marpa instauró este sistema que también fue adoptado por Lama Tsong Khapa en su tradición.

Los seguidores de la tradición Guelupa enfatizan los siguientes puntos en su práctica: meditar intensamente en el *Lam Rim*, ejercitarse en el estado de generación con la práctica diaria de la sadhana, y llevar a cabo retiros de Aproximación, no una sino repetidas veces. La esencia del estado de generación consiste en desarrollar concentración en el orgullo divino y la claridad. Deben franquearse todas las etapas necesarias para ser un practicante del estado de consumación capaz de hacer entrar, disolver y sostener sus aires en el canal central. Es preciso insistir en la necesidad de que el practicante tenga integrados los tres senderos: renuncia, bodhichita y sunyata. Muchos adeptos del tantra hinduista son capaces de controlar sus aires pero, puesto que les falta la base de los tres senderos, no son considerados practicantes del estado de consumación.

El método para aprender el estado de consumación

Practicar previamente el estado de generación.
Explicación del estado de consumación.

Practicar previamente el estado de generación

Hay un hecho irrevocable: sin tener experiencias sólidas y verdaderas del estado de generación, es imposible disfrutarlas del estado de consumación. Sería tan absurdo como pretender coger los frutos de un árbol que aún no ha sido plantado. El Buda en sus enseñanzas insiste en que la práctica debe ser gradual. En primer lugar, nos adiestramos en los tres senderos del camino, seguimos con el estado de generación burdo y sutil, y finalmente, accedemos al estado de consumación. Esta premisa ha sido observada por grandes yoguis, tanto de la India como del Tíbet. Pon en práctica este consejo y te deleitarás con la esencia de un néctar exquisito.

Explicación el estado de consumación

Explicar la base, los canales, aires y gotas.
Explicar las etapas para que los aires penetren en los canales.

Explicar la base, los canales, aires y gotas

El objetivo de las prácticas del estado de consumación es despertar la mente del gran gozo genuina, y utilizarla para meditar en la vacuidad. En el vehículo del Sutra, se medita en la vacuidad con la mente burda, en el vehículo del Tantra se hace con la mente muy sutil del gran gozo. El sendero del Tantra posee el método para despertar esa mente tan especial. Consiste en penetrar los elementos vitales de nuestro cuerpo sutil: los canales, los aires y las gotas.

Conocer y entender los tres elementos mencionados requiere una explicación muy profunda, para acceder a ella hemos de saber primero qué son y cómo se forman. Aquí se dará una sucinta explicación, siguiendo las dos divisiones propias del Tantra Madre:

Los canales.
Los aires y las gotas.

Los canales

Se dice en los textos sagrados que en nuestro cuerpo tenemos setenta y dos mil canales por los que circulan los aires y las gotas. Mientras éstos fluyen, bien en su aspecto burdo o sutil, el ser está vivo.

Los canales son como la casa, las gotas son como los bienes que contiene, y los aires, como sus amos. De estos setenta y dos mil canales, se resalta la importancia de ciento veinte, pues tienen su raíz en los tres canales principales: el canal central y los dos canales laterales. Y aún entre ellos, destacan veinticuatro que desembocan en lugares como la coronilla, las axilas, la boca y otras partes vitales del cuerpo.

Sin embargo, el más importante de todos los canales es el central, porque cuando los aires de los canales laterales lo penetren, experimentaremos la Luz Clara.

En el canal central, a la altura del corazón, se forman los cuatro canales de las cuatro direcciones cardinales, que se bifurcan en dos formando un total de ocho: son los ocho canales del corazón. Los canales de las cuatro direcciones cardinales se denominan también los canales de los cuatro elementos porque tienen la naturaleza del elemento tierra, agua, aire y fuego respectivamente. Los cuatro canales de las direcciones intermedias son denominados los canales del ofrecimiento ya que por ellos fluyen fracciones de forma, olor, gusto y tacto. Los veinticuatro canales, a su vez, se subdividen en tres, llegando a un total de setenta y dos. Estos se parten en mil, formando setenta y dos mil canales. La función de los veinticuatro canales matrices es hacernos ver, oler, oír, saborear, sentir el tacto, y puesto que permiten el funcionamiento de los sentidos, se llaman *los canales de los sentidos.* El chakra del corazón tiene, pues, ocho canales primordiales: los cuatro canales de las direcciones o elementos, y los cuatro canales de las direcciones intermedias o del ofrecimiento.

Por el canal central, también denominado *canal del espíritu,* fluyen gotas rojas y blancas, mentes, y aire sutil; es del grosor de un tallo de trigo, azul por fuera y rojo por dentro. Nace en el entrecejo, asciende hasta la coronilla y baja paralelo a la columna vertebral hasta terminar en el lugar secreto.

En el canal izquierdo, también denominado *el canal de la luna* o *canal del método,* predominan las gotas blancas es de color blanco y nace en el orificio nasal izquierdo. En el canal derecho, conocido como *canal de la sabiduría, del sol o del átomo,* predominan las gotas rojas es de color rojo y nace en el orificio nasal derecho.

Los tres canales principales descienden verticalmente juntos, aunque los dos laterales se separan del central a la altura de la pelvis, desembocando el derecho en el ano y el izquierdo en el sexo. En su recorrido van prácticamente pegados al canal central, pero en diferentes lugares se enroscan a su alrededor formando los *chakras.* Se enroscan tres veces cada uno a la altura del corazón, y una sola vez a la altura del ombligo, la garganta y la coronilla.

La rueda o chakra del gran gozo, en la coronilla, tiene treinta y dos canales. *La rueda o chakra del gozo,* en la garganta, tiene dieciséis. *La rueda o chakra del fenómeno,* en el corazón, tiene ocho canales. *La rueda o chakra de emanación,* en el ombligo, tiene sesenta y cuatro. Su función principal es actuar como base de los aires y de sus respectivas consciencias acompañantes. Esta es, pues, la descripción de los ciento veinte canales principales.

Las gotas y los aires

El origen de todas las gotas que recorren el interior de nuestros canales procede del semen y la sangre de nuestros propios padres en el momento de ser concebidos. En ese instante, la esencia de las gotas blanca y roja que recibimos producto de su unión forman una especie de cápsula en el centro de nuestro *chakra* del corazón: se denomina la *gota indestructible*, y es como un palacio en el que se residen la mente muy sutil y el aire que la acompaña, que viene desde el sin principio y nunca cesa.

Al ir formándose nuestro cuerpo en el seno materno, una porción de la gota blanca del padre asciende y se inserta en lo que, posteriormente, será el *chakra* de la coronilla. Una vez allí, es la fuente de todas las gotas blancas y la base del gozo. Una porción de la gota roja de la madre, desciende hasta el ombligo donde actúa como base para generar calor en el cuerpo (y causar, eventualmente, que se derrita la gota blanca de la coronilla, tal como se ha explicado en la sadhana).

La gota roja es conocida con los términos, *tummo, iracunda o fuego interno.* Durante el proceso de la muerte todos los aires penetran en los canales laterales y en el central, disolviéndose los veinticinco fenómenos (todo el proceso se explica con detalle en el libro *Muerte y Reencarnación*). La gota blanca desciende, la roja asciende, y se suceden las visiones de apariencia blanca, rojo intenso, oscuridad y la Luz Clara básica de la muerte, también llamada Luz Clara Madre. Se le imputa el término Luz Clara porque la apariencia dualista cesa, pero no se trata de una Luz Clara plenamente cualificada. El instante posterior a la cesación de la Luz Clara de la muerte, el aire que acompaña a dicha mente se mueve, y juntos dejan el cuerpo, dando lugar al inicio del bardo. En ese momento la gota indestructible deja de existir.

En el estado de consumación se practica el proceso que tiene lugar al morir. Uno procura penetrar los aires, hacer que permanezcan y que se disuelvan en el canal central. Al conseguirlo, el fuego interno en el *chakra* del ombligo se enciende, la gota blanca de la coronilla se calienta, se derrite y desciende por el interior del canal central. Cuando esto ocurre se experimentan los cuatro deleites del orden ascendente y descendente explicados a continuación, cuyo objetivo es meditar en la vacuidad.

Cuando la gota desciende desde la coronilla hasta la garganta, se experimenta el primer deleite, denominado *deleite*. Cuando desciende de la garganta al corazón se experimente el *gran deleite*. Cuando va desde el corazón al ombligo experimentamos el *deleite supremo* y al llegar al lugar secreto, sentimos el *deleite extraordinario (o innato)*. La gota no se emite sino que asciende de nuevo hasta el ombligo, de allí al corazón, a la garganta y a la coronilla, haciéndonos experimentar los *deleites del orden ascendente* que utilizamos para meditar en la vacuidad.

Este gran gozo descrito es la Luz Clara. Cuando obtenemos la auténtica Luz Clara, el aire que la acompaña se transforma en el Cuerpo Ilusorio que adopta el aspecto de Tara. Primero se consigue el Cuerpo Ilusorio impuro y, posteriormente, el Cuerpo Ilusorio puro. La unión del Cuerpo Ilusorio y Luz Clara da paso al estado de Unión.

Según el Tantra, los aires de energía y la mente están interrelacionados porque la mente siempre cabalga sobre su aire asociado, sin el cual no podría funcionar. Según el Sutra, la mente se divide en mentes primarias y mentes secundarias. Nos presenta también siete tipos de consciencia, pero no las clasifica como mentes burdas, sutiles o muy sutiles. Burdas son todas las consciencias sensoriales y las ochenta concepciones indicativas. Sutiles son las mentes *de apariencia, incremento y oscuridad cercana al logro*. Muy sutil, es la mente de Luz Clara.

Los aires se clasifican enumerándose cinco principales y cinco secundarios. Los cinco aires principales son:

El aire que sostiene la vida.
El aire que vacía hacia abajo.
El aire que empuja hacia arriba.
El aire que mora por igual.
El aire que lo impregna todo.

Los cinco aires secundarios son:

El aire que se mueve (aire de naga).
El aire que se mueve intensamente (tortuga).
El aire que se mueve perfectamente (lagarto).
El aire que se mueve enérgicamente (devadata).
El aire que se mueve definitivamente (vasuraya).

La base de los cinco aires secundarios es el aire que sostiene la vida.

El aire que sostiene la vida se localiza en el corazón y está relacionado con el Buda Akshobya. Es de color blanco y su función es hacer posible la inspiración y la espiración. Protege la fuerza vital y ayuda a que funcionen los aires secundarios. Es el aire del elemento agua.

El aire que vacía hacia abajo se encuentra debajo del abdomen y está relacionado con el Buda Ratnasambhava. Es amarillo, causa las funciones de evacuación como orinar, defecar, así como la menstruación o la emisión seminal. Es el aire del elemento tierra.

El aire que mueve hacia arriba se localiza en la garganta y está relacionado con el Buda Amitabha. Es de color rojo y nos capacita para hablar, tragar, salivar y eructar. Es el aire del elemento fuego.

El aire que mora por igual se localiza en el ombligo y está relacionado con el Buda Amogasidhi. De color verde, es responsable del proceso digestivo. Hace que se separen las sustancias nutritivas de las de deshecho y que se encienda el fuego interno. Es el aire del elemento aire.

El aire que lo impregna todo se localiza en todo el cuerpo y está relacionado con el Buda Vairochana. Es de color azul y su función es causar el movimiento corporal, el estiramiento y la contracción de los miembros. Es el aire del elemento espacio.

Estos aires circulan por todo nuestro cuerpo interactuando con la respiración, excepto el *aire que lo impregna todo,* que solo interactúa con la respiración en el momento de la muerte.

El lugar donde moran los aires secundarios que se describen continuación es el *chakra* del corazón. Estos aires hacen posible el funcionamiento de las cinco consciencias sensoriales.

El aire que se mueve reside en los ojos y capacita a la consciencia visual para moverse hacia las formas y los colores. Está relacionado con Vairochana, es rojo y va asociado al elemento tierra.

El aire que se mueve intensamente reside en el oído y nos capacita para oír, está relacionado con Ratnasambhava, es de color azul y va asociado al elemento agua.

El aire que se mueve perfectamente se ubica en la nariz y nos capacita para poder oler. Está relacionado con Amitabha, es de color amarillo y va asociado al elemento fuego.

El aire que se mueve enérgicamente está ubicado en la lengua y nos da la capacidad de saborear. Está relacionado con Amoghasidi, es de color blanco y va asociado con el elemento aire.

El aire que se mueve definitivamente está en todo el cuerpo y hace posible que funcione la consciencia del tacto. Está relacionado con Akshobya, es de color verde y va asociado al espacio.

Los cuatro aires principales, a excepción del aire que lo impregna todo, están relacionados con las cuatro actividades: pacificar, incrementar, controlar y acciones iracundas. Cuando un yogui tiene experiencias propias del estado de consumación, cuando es capaz de hacer entrar, que permanezcan, y que se disuelvan sus aires en el canal central, aparecen ciertos signos. Afín al aire del elemento tierra, su cuerpo es como una montaña inamovible. Afín al aire del elemento agua, no puede ser quemado por el fuego. Afín al aire del elemento fuego, el frío no le afecta. Afín al aire del elemento aire, su cuerpo se vuelve ligero y puede incluso desplazarse por el espacio.

Explicar las etapas para que los aires penetren en los canales

La causa especial para obtener resultados del estado de consumación rápidamente.

Cómo meditar para hacer entrar los aires en el canal central.

Etapas de la meditación una vez los aires han entrado en el canal central.

La causa especial para obtener resultados del estado de consumación rápidamente

Importancia del poder de la imaginación para bendecir el continuo mental.

Instrucción especial para eliminar obstáculos.

Para tener éxito en la práctica del estado de consumación, los canales, aires y gotas han de estar libres de cualquier traba o limitación. Por ello deben ser purificados.

Importancia del poder de la imaginación para bendecir el continuo mental

Una vez concluida la sadhana, imagina que te manifiestas bajo el aspecto de Tara, con orgullo divino y claridad. Sobre la flor úpala a tu izquierda hay una *tam* de color verde brillante, de la que salen rayos de luz invitando a los Budas y Bodhisatvas de las diez direcciones. En respuesta a tu invocación, todos ellos caen sobre ti como una lluvia y se funden contigo como la nieve sobre una roca caliente. Imagina que, de este modo, sus bendiciones se han disuelto en tu continuo mental. Practicar este yoga una y otra vez te ayudará a conquistar las etapas del estado de consumación rápidamente y sin obstáculos.

Instrucción especial para eliminar obstáculos

Visualizar los tres canales y los cuatro chakras.
Meditar en el objeto que elimina obstáculos.

Visualizar los tres canales y los cuatro chakras

Adopta el aspecto de Tara y visualiza tu canal central que está dotado con varias cualidades:

- Es morado por dentro y azul por fuera.
- Es como un junco, erguido y fresco.
- Es claro y brillante como una semilla de sésamo y tan suave como los pétalos de un loto.
- Tiene el grosor de un del tallo de trigo.
- Por arriba llega a la coronilla y por abajo, termina cuatro dedos debajo del ombligo.

El canal de la derecha es rojo, el de la izquierda es blanco y ambos tocan ligeramente el central. Los dos canales laterales son de la misma medida que el central. Por arriba desembocan en los orificios nasales, por abajo se curvan hacia adentro y se comunican con el canal central a la altura del ombligo. En esta descripción observas tan solo los chakras de la coronilla, garganta, corazón y ombligo. En la práctica del Mandala del Cuerpo se visualiza, además, el *chakra* del lugar secreto.

El chakra de la coronilla se denomina *rueda de gran gozo*, está localizado justo por encima de la membrana que recubre el cerebro. Su centro es triangular; tiene treinta y dos canales blancos que son como radios que se doblan hacia abajo. El chakra de la garganta se denomina *rueda del deleite*, su centro es circular; tiene dieciséis canales rojos que son como radios que se doblan hacia arriba, como un paraguas del revés. El chakra del corazón se denomina *rueda de los fenómenos,* su centro es circular; tiene ocho canales en forma de pétalos azules o blancos, caídos hacia abajo. El *chakra* del ombligo es denominado *rueda de emanación,* su centro es triangular; tiene sesenta y cuatro canales de colores variados doblados hacia arriba.

Trata de tener una apariencia clara de los tres canales y los cuatro *chakras*. Aunque en este momento algunos de estos canales están secos o inoperantes y otros están obstruidos, imagínalos frescos, limpios y suaves, sin bloqueos causados por sangre reseca, ni oquedades en su recorrido. Imagina a los dos canales laterales conectándose con el central, a la altura del ombligo. Es muy importante tener una apariencia clara de la visualización descrita y familiarizarte con ella, meditando en retiro durante varias semanas.

Meditar en el objeto que elimina obstáculos

Después de conseguir una apariencia clara de los canales, visualizamos la sílaba *hum,* de la medida de un guisante, en el centro del *chakra* del ombligo. En el interior de su *gota* imagina un loto y un cojín lunar, encima del cual reposa verticalmente un *vajra* blanco de cinco puntas. En su centro, el Protector iracundo Myowa se sienta sobre un loto y un disco lunar. Con la mano derecha sostiene una espada y con la izquierda dibuja el *mudra* de ahuyentar espíritus; su pierna derecha está recogida y la izquierda semi-extendida. Sus ropajes están hechos con piel de tigre y sus adornos con piel de serpiente. Tiene la naturaleza de nuestra propia mente, y generamos orgullo divino y claridad.

Una vez te has familiarizado con la figura de Myowa, exhala suavemente imaginando que el Protector emana incontables réplicas de si mismo que ascienden por tu canal derecho y salen al exterior por tu orificio nasal derecho. Dichas réplicas eliminan todos los obstáculos e interferencias que puedan perturbarte con el fuego de sabiduría que las rodea. Al inhalar, imagina que todos vuelven a penetrar en ti a través de tu orificio nasal izquierdo y se disuelven en Myowa en tu interior. Traga un poco de saliva al tiempo que imaginas que los aires superiores del cuerpo descienden hasta el chakra del ombligo, disolviéndose en Myowa. Permanece concentrado en esa unión, conteniendo la respiración y comprimiendo suavemente los aires superiores. Cuando te sientas incómodo, suelta el aire y vuelve a repetir el ejercicio. Concéntrate durante varias semanas de retiro en esta técnica hasta llegar a dominarla.

Cuando tengas control sobre este yoga, imagina que millones de réplicas emergen de Myowa, inundando tus canales laterales y tus *chakras,* mientras escuchas el susurro del mantra: *Om tsenda maharoka hung phe.* Despues, todos los Myowas de tu cuerpo se reabsorben desde los canales laterales en el central hasta acabar disolviéndose en el Myowa original en tu chakra del ombligo.

Si enfatizas la práctica de estos dos yogas antes de empezar la práctica del estado de consumación, no tendrás obstáculo alguno. Este método es específico al *Tantra de Chitamani Tara.* Poner en práctica esta instrucción no sólo elimina obstáculos en los canales, los aires y las gotas sino que también cura y previene enfermedades.

Cómo meditar para hacer entrar los aires en el canal central

> Meditar en el fuego interno.
> Las tres mezclas durante la vigilia.
> Las tres mezclas durante el sueño.
> Las tres mezclas durante la muerte.
> La manera común de reunir y absorber en el periodo posterior a la meditación.

Meditar en el fuego interno

Antes de practicar el fuego interno debes tener estabilidad en el estado de generación, y estar plenamente capacitado para las prácticas de purificación de los aires y los canales. Si cumples este requisito, siéntate en la posición de Vairochana e imagina tus tres canales y tus cuatro chakras dotados con las cualidades previamente mencionadas.

Con esta práctica manipulamos el *chakra* el del ombligo. En su centro imaginamos un hoyuelo de forma triangular, en su interior hay una espiral de gozo luminosa, mitad blanca y mitad roja que gira enérgicamente en sentido antihorario. Encima, justo en su centro, visualizamos la sílaba *tam* verde, de la naturaleza del fuego: está proclamando su propio sonido. El vértice superior del *nada* es como una punta de hierro candente. Concéntrate específicamente en esta fina punta, sin espesor ni hundimiento, sin distracción ninguna, y permanece sobre ella tanto tiempo como te sea posible.

Una vez estabilizada esta concentración, imagina que del *nada* salen infinitos destellos de fuego luminoso que provocan la absorción de los aires superiores del cuerpo en la *tam* en el *chakra*. Al mismo tiempo, inspiras y tragas un poco de saliva, empujando los aires superiores hacia tu ombligo. El calor del fuego atrae también a todos los aires inferiores del cuerpo que se absorben en la *tam*. Contraé el esfínter e imagina que todos los aires, inferiores y superiores, se han disuelto en la *tam*. Esta es la respiración llamada *bumpa*. Cuando la retención se hace incómoda, suelta suavemente el aire. Repite el ejercicio, pero sé muy prudente con la retención que debe ser suave. Permanecer demasiado tiempo conteniendo el aire puede producir desequilibrios internos.

Al principio aguanta solo unos instantes con los aires concentrados en tu ombligo y sin respirar. Gradualmente, serás capaz de prolongar esta retención de manera cómoda con los aires en el canal central. Para verificar que realizas correctamente esta práctica tienes dos métodos: según explicaciones de los diferentes tantras, y según instrucciones del Maestro.

Conforme a los tantras, la retención de los aires en el

ombligo debe durar lo que tardas en frotarte las manos tres veces y chasquear los dedos seis: esto conforma una ronda. Llegar a una retención de treinta y dos rondas te convierte en un practicante de capacidad menor; retener durante sesenta y cuatro rondas, es propio de un practicante de capacidad media; una retención de ciento ocho rondas harían de ti un ser de capacidad superior. Esta práctica es muy difícil. Sin embargo, con el tiempo es posible conseguir que los aires permanezcan y se disuelvan en el canal central. Con la preparación suficiente, dejar de respirar durante algún tiempo no es un problema.

Pero, seguir la instrucción del Maestro es más fácil porque una ronda consiste en dar un golpe suave en la rodilla derecha, otro en la izquierda, uno en la frente y chasquear una sola vez los dedos con la mano derecha. Los tres niveles se alcanzan consumando igual número de rondas que en la explicación anterior. Meditar en el fuego interno usando la respiración *bumpa* mencionada puede encender el fuego interno con relativa facilidad, pero también es posible provocar serios desequilibrios en los aires de energía (tib: *lung*).

No obstante, Tsong Khapa recomienda una técnica inofensiva, consiste en concentrar la atención en el ombligo sin retener los aires, tan sólo *imaginando* que los aires superiores e inferiores se disuelven en *tam*. Seguir el consejo de Tsong Khapa nos llevará más tiempo, pero la práctica será más segura.

Mientras permaneces concentrado en la *tam*, imaginas que se esparcen infinitos rayos de luz llenando el mundo entero; el mundo se transforma en una Tierra Pura habitada por Taras. Todo ello se disuelven en ti y percibes el primer signo de disolución en el proceso de la muerte: la *apariencia parecida a un espejismo*.

Cuando tu cuerpo se disuelve de arriba a abajo en la *tam* en tu ombligo, aparece la *apariencia parecida al humo* y se absorbe el elemento agua en el elemento fuego.

La parte inferior de la letra se disuelve en la forma central de la *ta*, aparece la *apariencia parecida a las chispas* y el elemento fuego se absorbe en el elemento aire.

La *ta* se absorbe en su propia cabeza, surge la *apariencia de la llama* y el elemento aire se absorbe en la consciencia.

La cabeza de la *ta* se disuelve en la luna creciente y surge la *apariencia blanca*, como la luna en un cielo en otoño, las ochenta concepciones indicativas se disuelven quedando solo las mentes sutiles.

La media luna se disuelve en la gota y surge la *apariencia de rojo en aumento*, es como la luz del sol en un cielo claro de otoño.

La *gota* se disuelve en el *nada* y aparece *la oscuridad cercana al logro*.

El *nada* se disuelve en el espacio e imaginas que se ha activado la Luz Clara.

Experimentas el primer vacío vinculado con la *apariencia blanca*, el segundo vacío vinculado con la *apariencia roja*, el tercero con la *oscuridad cercana al logro* y el cuarto o Luz Clara. Se denominan respectivamente así *vacío, muy vacío, gran vacío* y *todo vacío*. Después de experimentar la Luz Clara te manifiestas como la deidad Tara de color blanco, y a continuación te manifiestas como Nirmanakaya –la Tara de color blanco se transforma en Tara verde–. Si alternas el fuego interno y la disolución continuamente, llegarás a experimentar los ocho signos reales.

Las tres mezclas durante la vigilia

Familiarizarse de manera profunda con la práctica de las tres mezclas nos garantiza tener éxito en el estado de consumación. Las tres mezclas pueden realizarse en el estado de vigilia, durante el sueño y en el momento de la muerte. Aunque a lo largo de la vida nuestro tiempo se divide entre vigilia, sueño y proceso de la muerte, nunca hemos incorporado estos periodos al sendero espiritual: hacerlo es, precisamente, el objetivo de practicar las mezclas.

Y, lógicamente, debemos empezar practicando en el estado de vigilia.

La mezcla con el Cuerpo de Verdad.
La mezcla con el Cuerpo de Deleite.
La mezcla con el Cuerpo de Emanación.

La mezcla con el Cuerpo de Verdad

Las tres mezclas se practican durante el estado de generación y la práctica del fuego interno. Con una aplicación constante llegamos al punto en que los aires se disuelven en el canal central, y experimentamos los ocho signos de la muerte, tal y como se han descrito. Dichos signos sólo aparecen en el momento de la muerte debido al karma, pero también podemos experimentarlos gracias al poder de la meditación.

Normalmente, nuestros aires fluyen por todos los canales, excepto por el canal central. Sin embargo, cuando estamos muy familiarizados con la práctica del fuego interno, los aires se absorben en la *tam* del ombligo y los nudos que bloquean el canal central se sueltan.

Una vez los aires han entrado *realmente* en el canal central, la intensidad y el ritmo del proceso respiratorio se aquieta. Aunque, no debes darte por satisfecho con este signo, sino seguir practicando hasta que los aires *permanezcan* en el canal central. Cuando esto ocurra, la respiración se atenuará hasta cesar por completo. La percepción de este signo debe ser muy precisa ya que, en ocasiones, el hundimiento sutil manifiesta un síntoma similar. El verdadero signo es que el movimiento abdominal se detiene por completo. Debes seguir practicando para que los aires se *disuelvan* y, cuando esto suceda, el fuego interno arderá y la esencia de la gota blanca en tu coronilla descenderá realmente para hacerte experimentar la Luz Clara auténtica, que podrás utilizar para meditar en la vacuidad. Los signos internos que te sobrevienen a lo largo del proceso son idénticos a las apariencias propias del momento de la muerte: *el espejismo, el humo, las chispas, la llama de la vela, la apariencia blanca, la apariencia del rojo en aumento, la apariencia de la oscuridad cercana al logro* y, por fin, la Luz Clara.

La mezcla con el Cuerpo de Deleite

El aire que acompaña a la mente de Luz Clara se manifiesta como una Tara de color blanco. En este punto, generas orgullo divino por ser el Cuerpo de Deleite.

La mezcla con el Cuerpo de Emanación

La Tara de color blanco entra en tu corazón. Ahora experimentas el proceso a la inversa: *oscuridad, rojo en aumento, apariencia blanca, llama de una vela, chispas, humo y espejismo.* Tara blanca permanece en tu corazón como tu Ser de Sabiduría y los aires, antes estancados, empiezan a fluir y permiten el contacto de la consciencia con los objetos sensoriales.

Las tres mezclas durante el sueño

Para poder practicar las mezclas en el momento de la muerte debes dominar las mezclas durante el sueño y, para que esto sea posible, debes aprender a ser diestro en ellas durante la vigilia.

La mezcla con el Cuerpo de Verdad

Te enfocas en la gota indestructible del centro de tu corazón y dejas que empiecen las disoluciones hasta llegar a la Luz Clara. Aunque no puedas reconocerlos, al dormirte pasas por los ocho signos. Si te has familiarizado con la mezcla de la vigilia, por el poder de tu meditación aparecerá la mezcla del sueño. Todos los signos se van sucediendo y tú comprendes que son vacuos. Finalmente, generas orgullo divino por haber obtenido el Dharmakaya. Esta Luz Clara del sueño dura hasta el inicio de la actividad onírica.

La mezcla con el Cuerpo de Deleite

Antes de abandonar tu Cuerpo de Verdad o Dharmakaya, generas la fuerte determinación de que tu cuerpo del sueño se manifieste bajo el aspecto de Tara blanca. De nuevo generas orgullo divino por ser el Cuerpo de Deleite resultante.

Un gran yogui no sólo practica durante el día sino también mientras sueña, así se incrementa su experiencia del estado de consumación. Es posible llevar la actividad onírica al sendero del Cuerpo de Deleite, haciendo que entren permanezcan y se disuelvan los aires en el canal central, es decir, a partir de ejercer un control sobre los aires. El poder de una fuerte determinación también nos capacitaría para ello, aunque sería mucho más difícil.

La mezcla con el Cuerpo de Emanación

Antes de abandonar la actividad onírica y despertar, el practicante genera la fuerte determinación de manifestarse con el Cuerpo de Emanación para poder ayudar a los demás. Su cuerpo, Tara blanca, penetra en su corazón, donde permanece como ser de sabiduría. Al levantarse del lecho como Tara verde genera el orgullo divino de ser el Cuerpo de Emanación. Al salir del sueño las consciencias sensoriales empiezan a funcionar y todo lo que percibe es gozo y vacío, todos los seres son Deidades.

Las tres mezclas durante la muerte

Esta última mezcla es muy importante porque ninguno de nosotros se librará de la muerte. Si conseguimos reconocer el sueño como sueño, podremos reconocer el *bardo* como tal, y las apariencias inquietantes propias de este estado no nos afectaran.

La mezcla con el Cuerpo de Verdad

Si estás muy familiarizado con las mezclas previas, pero no tienes aún grandes experiencias o logros espirituales, cuando veas signos que presagian tu muerte, ponte a hacer prácticas específicas para dilatar tu espacio de vida. Si no lo consigues, deberías empezar a desapegarte de tus bienes, así como de tus seres queridos, de lo contrario serás como un pájaro con una piedra amarrada a su pata. Piensa así:

> Mis amigos, familia y posesiones pertenecen a esta vida.
> En vidas pasadas ya me he visto rodeado de buenas amistades,
> riqueza y familia, pero de poco me han servido,
> al contrario, me han llevado a crear actos negativos.
> Si ahora me libero del apego hacia todo ello,
> en mi vida futura encontraré mejores condiciones.
> Mis bienes del presente carecen de esencia,
> los entregaré a los necesitados.
> Qué todo el mérito que acumule a través de esta práctica
> sea causa para llegar a la Iluminación.

En este momento, es necesario purificar aquellos actos con los que has perjudicado a los demás y restaurar los compromisos tántricos rotos. Lo ideal sería recibir una Iniciación, o hacer uno mismo la Autoiniciación. Pero si no es posible, medita en el Yoga del Maestro recitando la oración de las siete ramas y el mandala, seguido de estas súplicas:

> Por favor, bendíceme para que no sufra al morir.
> Por favor, bendíceme para que pueda purificar mis
> emociones aflictivas engañosas.
> Por favor, bendíceme para que no genere temor y
> apariencias ilusorias en el bardo.

Por favor, bendíceme para tener la capacidad de
practicar el Tantra Superior en mi vida futura.
Por favor, bendíceme para liberarme de
condiciones desfavorables y obtener condiciones
favorables.
Por favor, bendíceme para poder mezclar la muerte
con el Dharmakaya.
Por favor, bendíceme para poder mezclar el bardo
con el Samboghakaya.
Por favor, bendíceme para poder mezclar el
nacimiento con el Nirmanakaya.
Por favor, bendíceme para que el conocimiento
espiritual acumulado en esta vida no se pierda y el
que aun no he logrado, lo consiga en mi existencia
futura.
Haz que conquiste el estado de unión de Vajradhara.

Un yogui familiarizado con el estado de consumación
experimenta todas las disoluciones nítidamente, hasta llegar a Luz Clara de la muerte. Espera su fin sentado en la
posición de Vairochana, o acostado en postura del león,
con la mejilla derecha descansando en la palma de la mano
derecha. Puedes entrenarte desde ahora tratando de dormirte en esta postura. Song Rimpoché solía decir que si un
ser ordinario muere en la posición del león, no renace en
los reinos inferiores

La mezcla con el Cuerpo de Deleite

Te determinas a mezclar el bardo con el Samboghakaya
para, al menos, renacer con una buena base para practicar
el Tantra. En la mezcla anterior terminabas meditando en
la Luz Clara. Un yogui que domina sus aires pasará por
este proceso de manera fácil, y al llegar a la Luz Clara, ésta
actuará como causa sustancial de la mente del ser del bardo
que, con su aire asociado, será la causa sustancial del Cuerpo
Ilusorio. Así podrá aparecer bajo el aspecto de Tara.

La mezcla con el Cuerpo de Emanación

El yogui que está familiarizado con las mezclas de la vigilia y el sueño, y domina sus aires, puede elegir su propio nacimiento e ir a la Tierra Pura de Tushita, o a cualquier otra. Si decide renacer como humano, elegirá gozar de las condiciones adecuadas para seguir practicando. Cuando está a punto de ser concebido, percibe a sus padres como Deidades, el útero de su futura madre como un palacio celestial, y las gotas fruto de la unión de ambos, como Budas y Bodhisatvas. Genera la fuerte determinación de renacer para beneficiar a todos los seres. Después de pasar por el estado intermedio, la consciencia sutil penetra en el seno materno elegido. El ser imagina que es Tara verde y genera orgullo divino por haber obtenido el Cuerpo de Emanación. Justo cuando se produce la concepción empieza el nacimiento y termina el bardo.

Quien sea capaz de elegir su propio nacimiento seguirá practicando Tantra y, en poco tiempo, obtendrá el estado de Unión con Vajradhara. Si aún no puede hacer que los aires entren, permanezcan y se disuelvan en el canal central, y no ha experimentado directamente la vacuidad, ni la forma real de la Deidad, pero posee una exacta comprensión de las mezclas, podrá encontrarse a lo largo de su vida con grandes Maestros tántricos y obtener la Iluminación. Kedrub Je solía decir que las nueve mezclas constituyen la esencia última de todos los secretos de los grandes tantras, los designios especiales de Vajradhara y la práctica principal de los yoguis cualificados. Decía que la sola comprensión intelectual de las mismas, evita renacer en reinos inferiores.

La manera común de reunir y absorber en el periodo posterior a la meditación

Eres Tara, de *tam* salen rayos de luz que inundan todo el ambiente y a los seres que lo habitan; todo se deshace en luz que viene a tu cuerpo, éste se disuelve de arriba a abajo concentrándose en la espiral de gozo de tu ombligo, sobre la cual está *tam*. La espiral se deshace en *tam*, que se disuelve desde abajo en el *nada*. Este se disuelve en la inconcebible vacuidad, desde donde te manifiestas bajo el aspecto de Tara verde, recitando oraciones auspiciosas.

Etapas de la meditación una vez los aires han entrado en el canal central

Desarrollar el gran gozo con los aires en el cuerpo.
Desarrollar el cuerpo de arco iris con los aires en la mente.

El objetivo fundamental del estado de consumación es conseguir que los aires entren, permanezcan y se disuelvan en canal central. Las prácticas que se detallan a continuación sólo deben ser llevadas a cabo por aquellos que ya han conseguido dicho nivel de realización.

Desarrollar el gran gozo con los aires en el cuerpo

Condición interna para desarrollar gran gozo por medio de *encender y gotear* (tib: *banzak*).
Condición externa para desarrollar gran gozo por medio de una consorte de acción.

Condición interna para desarrollar gran gozo por medio de encender y gotear

Para que la gota descienda desde la coronilla al corazón, los nudos del canal central deben haberse aflojado. El método para conseguirlo es practicar el *banzak* y el *karmamudra* (o sello de acción).

Ban significa encender, y *zak*, gotear. La condición interna para encender y hacer gotear, es la capacidad del yogui para conseguir que los aires entren permanezcan y se disuelvan en el canal central. Para ello, se sienta en meditación adoptando el aspecto de Tara e imaginando con la mayor claridad los tres canales principales de su cuerpo y los chakras respectivos.

En el centro del chakra del ombligo se visualiza una gota roja de la medida de la uña del dedo pulgar, su naturaleza es el fuego. En su interior, una *ah* roja como un ascua encendida emitiendo chispas. Puesto que el canal central está libre de nudos, permite ver claramente otra gota blanca de la medida de la uña del pulgar situada en la coronilla y marcada con la sílaba *ham*. Debido al calor producido por la gota del ombligo, la sílaba *ham* empieza a fundirse desprendiendo un hilito muy fino, del color del mercurio que se desliza suavemente por el canal central.

(Si la medida del canal central es la de un tallo de trigo, ¿cómo es posible que las gotas sean como las uñas del pulgar? Por la misma razón que a través de la pequeña lente de una cámara fotográfica podemos captar la imagen de una montaña gigantesca).

Los aires superiores e inferiores van concentrándose en la gota roja del ombligo comprimiéndola, de tal modo que ésta se aviva aun más y el calor asciende por el canal central. Aquí podría introducirse una pequeña retención del aire, practicando la respiración *bumpa;* al sentir incomodidad, se exhala de manera suave. Este proceso se repite con insistencia.

Cuando el fuego arde intensamente y se calientan los diferentes canales del cuerpo, la sílaba *ham* de la coronilla desciende bocabajo mientras se va fundiendo: primero el *nada*, después la gota, la media luna y la sílaba acaban deshaciéndose en un hilillo fino. Cuando llega al ombligo, como aceite sobre el fuego, la gota prende con mayor fuerza. Todos los chakras se calientan, y ese calor se irradia hacia todos los canales del cuerpo hasta llenarlos por completo. Cuando ese hilillo color mercurio llena el chakra de la coronilla se experimenta el *deleite*. Cuando toca y llena el *chakra* de la garganta se convierte en *deleite supremo*. Cuando llena el corazón, en *deleite extraordinario* y al del llegar al *chakra* ombligo se experimenta el *deleite espontáneo*.

Desde allí, el hilillo asciende y van llenándose de gotas los canales laterales y el central. Antes, cuando descendía hasta llegar al ombligo, el cuerpo se calentaba, pero ahora cuando las gotas entran en contacto con nuestros canales producen un efecto refrescante. Todos los canales están llenos de gotas y, donde hay gotas, hay gran gozo. El gozo físico da paso al gran gozo con el que meditas en la vacuidad.

Esta instrucción específica del *Tantra de Chitamani Tara,* ayuda a aflojar los nudos del corazón y a desarrollar el gran gozo no dual. En otros textos tántricos esta práctica se realiza antes de agrupar los aires en el canal central, pero si no se controlan correctamente, existe el peligro de que las gotas se pierdan o resulte difícil hacerlas subir hasta la coronilla. Es más recomendable aplicarse en encender y gotear una vez los aires han sido realmente centralizados.

Condición externa para desarrollar gran gozo por medio de una consorte de acción

Un yogui que posea las cualidades necesarias puede apoyarse en una consorte real o *mudra* para hacer que sus aires entren, permanezcan y se disuelvan en el canal central de una manera más profunda y eficaz. Existen cuatro tipos de *mudras*:

- Sello de compromiso o *samaya mudra*.
- Sello de sabiduría o *yeshemudra*.
- Sello de acción o *karmamudra*.
- Sello grande o *mahamudra*.

Los gestos que se hacen con las manos en los rituales tántricos son también denominados *mudras*. Pero en este contexto, el término *mudra* se refiere a practicar con una consorte. Practicar con un *karmamudra* es meditar con la ayuda de una consorte real, de carne y hueso. El meditador que aún no esté capacitado para usar un *karmamudra*, puede apoyarse en lo que se conoce como un sello de sabiduría o consorte visualizada. Para despertar el gran gozo simultáneo y llegar a la Iluminación en esta vida es imprescindible recurrir a la práctica con una consorte, sin embargo, no sería necesario para el yogui que escoge iluminarse en el *bardo*.

Aunque Lama Tsong Khapa poseía todas las cualidades internas para apoyarse en una consorte real y alcanzar la Iluminación en vida, prefirió iluminarse en el bardo. Actuó de esta manera para servir de ejemplo a sus discípulos que, muy probablemente, se habrían apresurado a tomar una consorte, quizá sin tener las cualidades internas necesarias. Externamente, Tsong Khapa era un monje y mantenía escrupulosamente todos sus votos, internamente, poseía la bodhichita y, de manera secreta, era un experto en los dos estados del Tantra. Era el paradigma de una persona íntegra que fusiona las prácticas de Sutra y Tantra de manera inmaculada.

Aquellos practicantes que aún no controlan sus aires pero mantienen relaciones sexuales habitualmente, pueden entrenarse en generar orgullo divino y claridad visualizándose como la Deidad, bendecir sus órganos sexuales recitando *mantras* y mantener la visión de la vacuidad. Sin embargo, este no es un método para progresar espiritualmente, tan solo evitarán romper determinados votos. Sólo quien tiene un completo control sobre sus aires puede hacer un uso específico de la relación sexual. Este punto debe matizarse enfáticamente porque muchos son los que piensan que, a través de ciertas relaciones sexuales, se aflojan los nudos del *chakra* del corazón. Si éste fuera el caso, todos los seres ordinarios que practican sexo, los tendrían ya desatados. Es imprescindible que, antes de apoyarse en un sello de acción real, el practicante pueda, a voluntad, hacer que sus aires o *pranas* entren, permanezcan y se disuelvan en el interior del canal central. Ha de ser capaz de generar los cuatro deleites de orden descendente y ascendente. Llegado, pues, el momento y con el único objetivo de aflojar los seis nudos del *chakra* del corazón, utilizará un sello de acción externo o *karmamudra*.

En el momento del orgasmo algunas gotas de los canales laterales se disuelven y rozan levemente el vértice inferior del canal central, provocando un ligero placer. Pero este gozo no puede ni compararse al gozo interminable y muy poderoso que se experimenta cuando las gotas se disuelven en el canal central por medio de aflojar los nudos del *chakra* del corazón. Con su ayuda experimentamos la vacuidad velozmente. Cuando esa mente de gran gozo comprende la vacuidad a través de una imagen genérica, se obtiene el Cuerpo Ilusorio impuro. Cuando la realización de la vacuidad es directa, se obtiene el Cuerpo Ilusorio puro.

La consorte debe poseer las siguientes cualidades:

- En su continuo mental debe haber madurado el sendero común del Sutra: renuncia, bodhichita y sunyata.
- Debe haber recibido la pertinente Iniciación de Tantra Superior.
- Debe deleitarse manteniendo sus votos y compromisos.
- Debe tener, como mínimo, una ligera experiencia del estado de generación.
- Debe sentir una fe profunda en su Guía Espiritual y su Deidad.
- Debe ser habilidosa en los sesenta y cuatro artes del amor.

Si un yogui se apoya en una consorte de carne y hueso, sin poseer los requisitos y experiencias requeridas, la única realización que obtendrá será renacer en los infiernos. El *Tantra Raíz de Heruka* dice:

Aquellos yoguis que no han alcanzado el nivel,
pero actúan como si así fuera apoyándose en una consorte,
caerán, sin lugar a dudas, caerán en los infiernos.

Para obtener más información acerca de las cualidades de una consorte hemos de estudiar textos como el *Tantra de Guhyasamaya* o el *Tantra de Heruka*.

Desarrollar el cuerpo de Arco Iris con los aires en la mente

Desarrollar el cuerpo del Arco Iris.
Explicación de la Transferencia de Consciencia.

Se dice que hay tres maneras diferentes de obtener la Iluminación siguiendo el sendero del Tantra. Según enseñanzas de Nagaryuna, y de acuerdo con el Tantra de Guhyasamaya, la iluminación se alcanza a través de la unión de la Luz Clara y el Cuerpo Ilusorio. Actualmente, tenemos un cuerpo y una mente que cambian vida tras vida, sin embargo, la mente muy sutil y el aire muy sutil no cambian, están unidos y nos acompañan en cada renacimiento. Cuando ambos son purificados, la mente muy sutil actúa como causa sustancial para producir la mente de un Buda, y el aire muy sutil hace lo propio para obtener el cuerpo de un Buda. Aunque por naturaleza son puros, están obstruidos por culpa de las emociones aflictivas. A medida que éstas se van purificando, su naturaleza pura se vuelve más y más predominante hasta que la mente se transforma en Luz Clara y el aire que la acompaña en el Cuerpo Ilusorio. La unión de estos dos forma las dos verdades según este Tantra: el Cuerpo Ilusorio es la verdad engañosa y la Luz Clara la verdad última. Es el estado de unión en siete puntos de Vajradhara. Este sistema es el que siguieron, Sakyamuni Buda, Nagaryuna, Saraha, Tilopa y la mayoría de grandes yoguis de la India, asi como, Marpa, Milarepa, Tsong Khapa, Kedrup Je, Gyaltsab Je, Cho Dordge Ensapa y muchos otros en el Tíbet.

Según el Tantra de Kalachakra, la Iluminación se consigue al hacer cesar el cuerpo burdo. Según este tantra, tenemos veintiún mil seiscientos aires kármicos y el mismo número de gotas inmutables que actúan como antídoto para purificarlos. El cuerpo burdo cesa por completo y se obtiene el cuerpo vacío y la mente actúa como causa para obtener el gran gozo incambiable.

El Cuerpo del Arco Iris es propio del Tantra Madre y es el menos popular. A veces se oyen historias que relatan el modo en que algunos yoguis obtenían el cuerpo del Arco Iris, pero, en muchos casos eran los propios estudiantes que afirmaban que su Maestro había obtenido el Cuerpo del Arco Iris para así hacerlo más famoso. Se solía decir que, tras desaparecer, había dejado el pelo y las uñas cuando, en realidad, estas señales no son imprescindibles. No hay que confundir el obtener el Cuerpo del Arco Iris con ir a Thagpa Kacho sin abandonar el cuerpo burdo lo cual solo indica que pueden entrar en esa Tierra Pura pero no que estén Iluminados.

Desarrollar el cuerpo del Arco Iris

La práctica del Arco Iris tiene dos partes:

- Primera ronda de concentración.
- Segunda ronda de concentración.

Primera ronda de concentración

Como ya se ha señalado, la práctica del Arco Iris sólo debe ser llevada a cabo por aquellos practicantes que saben controlar sus aires y gotas, aquellos plenamente cualificados en la práctica del fuego interno y del *banzak*.

Te observas bajo el aspecto de Tara y en el espacio imaginas una Tara de color dorado radiante, inseparable del Maestro. Su mano derecha sostiene tan solo un vajra, con los dedos meñique e índice levantados. Los dos dedos cogidos al pulgar simbolizan las Tres Joyas. La mano izquierda sostiene una campana con el mismo mudra pero cogido a su cadera izquierda. Entre los dedos restantes sostiene el tallo de una flor upala. Sus piernas están cruzadas y viste ropas celestiales y adornos preciosos. En su corazón sobre un asiento lunar se encuentra una *tam* dorada y en las cuatro direcciones a su alrededor: *lam mam pam bam.*

Dirige una súplica insistente para tener éxito en desarrollar el cuerpo del Arco Iris. Esto provoca que surjan una inmensa profusión de rayos de luz dorada de Tara, lleguen a tu cuerpo que se deshace y se transforma en luz. Tara vuelve a enviar luz transformando, de nuevo, tu cuerpo en luz. Este ejercicio debe practicarse durante semanas hasta recibir signos.

Segunda ronda de concentración

Bajo el aspecto de Tara visualiza el canal central, grueso como una flecha. En su interior, a la altura del corazón imagina una Tara, desnuda, sentada en posición meditativa y de la naturaleza de un arco iris. De su cuerpo salen infinitos rayos de luz de cinco colores que consumen su cuerpo. Dicha luz de se extiende, llena el canal central y tu cuerpo, hueco y sin órganos internos. Los rayos de luz salen e impregnan toda la casa, el medio ambiente, los cuatro continentes, los tres reinos y tres mil sistemas universales. De este modo, imagina que todo se ha transformado en un gran arco iris luminoso, vacuo y carente de autoexistencia. Este ejercicio debe repetirse una y otra vez.

Antes de concluir la sesión, imagina que, de esos rayos de luz, te manifiestas como Tara, como un pez que emerge de la superficie del océano.

Como resultado de un práctica sincera y continua llega el día en que aparecen unos signos que indican que se va a obtener el cuerpo del Arco Iris. Por ejemplo, las paredes no son obstáculo para percibir lo que pasa fuera de tu casa; aparece un arco iris repetidamente en el lugar en el que vives; tu sombra se vuelve mas sutil o fina; el fuego no te quema o no tienes frío, sientes el cuerpo más ligero de lo normal. Finalmente, las impurezas de los agregados, las doce fuentes y los dieciocho constituyentes se desvanecen, convirtiéndose en el cuerpo del Arco Iris y obteniendo la Iluminación.

Explicación de la Transferencia de Consciencia

Según el comentario del *Tantra de Chitamani Tara* y con el objetivo de cortar las visiones erróneas acerca de prácticas como el cuerpo del Arco Iris y la Transferencia de Consciencia, estas prácticas deben hacerse sólo después de haber conseguido destreza en el sendero común, en el estado de generación. Así como en el control de los aires. Hoy en día muchos quieren apresurarse y empezar su práctica tántrica en base a consejos o ideas erróneas. Un tratado escrito en tiempos del rey del Tíbet, Songtsen Gampo, del siglo séptimo, dice:

> Llegará el tiempo en que la gente no respetará a los
> yoguis y gente de profundo conocimiento del Dharma y,
> en cambio, seguirán a estúpidos que les engañarán.

La Transferencia de Consciencia es una práctica secreta sólo para aquellos que, además de los requisitos antes mencionados, tienen a Tara como su Deidad personal y han terminado una Aproximación con su respectiva puya de fuego. Consta de dos partes:

> Transferir la consciencia por la fuerza de la determinación.
> Transferir la consciencia por la fuerza del aire de energía.

Transferir la consciencia por la fuerza de la determinación

Adiestrarse por medio de la aspiración.
Adiestrarse realmente.

Adiestrarse por medio de la aspiración

Te sientas bajo el aspecto de Tara, adoptando la posición de Vairochana. En la coronilla visualiza al Maestro inseparable de Tara. Seguidamente, invitas a los seres de sabiduría a que se disuelvan en él, le ofreces la oración de las siete ramas y recitas el mantra del Maestro o de Tara. Del Maestro Tara en la coronilla, desciende néctar blanco que llena tu cuerpo mientras piensas que todas tus negatividades son purificadas, especialmente las que te impiden renacer en la Tierra Pura.

Tu canal central es de la medida de una flecha pero en la coronilla es más ancho, como una trompeta religiosa. Su parte inferior está cerrada, cuatro dedos debajo del ombligo. A la altura de tu corazón visualiza un asiento lunar y en su centro *tam* verde. En su *tigle*, tu propia mente adopta el aspecto de una gota tan ligera que un poco de aire la haría ascender. Debajo de *tam* imagina *yam* azul, clara y de la naturaleza del aire.

Imagina que puedes percibir a tu Maestro en tu coronilla. Y en su corazón brilla un espejo color esmeralda. Cuando observas al Maestro Tara y especialmente el espejo, actúa así: 1) Genera la fuerte aspiración de llegar al espejo, 2) Determínate a llegar al espejo, 3) El sendero para hacerlo es ascender por el canal central.

Ofrece una intensa súplica para poder llegar al espejo. Haces ascender los aires inferiores elevando los esfínteres, presionando las manos sobre las piernas respectivas y tensando los músculos. Imagina que los aires inferiores se disuelven en *yam*, que es aire que se mueve hacia *tam*, donde se encuentra tu mente. Tu cuerpo, canal central y *tam* se disuelve en la gota, que asciende y se disuelve en el espejo. La gota sale disparada como una flecha y asciende hasta tu coronilla. Imagina que tu mente, la del Maestro y la de Tara son indistinguibles y te concentras.

Una vez terminado, regresas al punto de partida y repites el ejercicio veintiuna veces. En otras instrucciones se recitan unas sílabas al ascender como gota, pero aquí no es necesario. Puesto que no separas el cuerpo físico de la mente, esta Transferencia de Consciencia no acorta el espacio de vida.

Adiestrarse realmente

Adiestrarse realmente consiste en hacer la práctica recién explicada cuando llegue la hora de la muerte. Si notas que tu muerte está próxima, entrega tus bienes a los pobres, desapégate de amigos y familiares, y practica intensamente la Transferencia de Consciencia.

El apego es uno de los peores obstáculos e incluso puede manifestarse en grandes practicantes. Un Gueshe de Drepung se estaba muriendo pero debido a su intenso apego a la mantequilla tibetana, no terminaba de fallecer. Un discípulo consultó con el Maestro del moribundo, que sabía que su discípulo iba a renacer en la Tierra Pura de Yiga Chodzin y para cortar con esa absurda situación le envió el mensaje de que allí había una mantequilla cien veces mejor que la tibetana. Tras oír estas palabras el Gueshe falleció.

Transferir la consciencia por la fuerza del aire de energía

Esta práctica es similar a la anterior pero debido a que aquí el yogui controla sus aires es más efectiva y segura: sin duda alguna renacerá en la Tierra Pura.

Un consejo final para practicar el *Tantra de Chitamani Tara* es el siguiente:

El buen practicante se adiestra en el sendero común, recibe las Iniciaciones pertinentes, mantiene los votos, estudia y practica el estado de generación hasta ser un experto. Después, aborda el estado de consumación. Este Tantra tiene la característica especial de contener pocas palabras y poseer significados profundos. Además es fácil de practicar, las bendiciones se obtienen de manera rápida y si se practica sinceramente se obtendrán realizaciones rápidamente. Por último si uno adopta esta práctica como la principal, a través de ella se puede beneficiar a los demás.

www.ingramcontent.com/pod-product-compliance
Lightning Source LLC
LaVergne TN
LVHW010338200726
843507LV00010B/1553